Le cerveau planétaire

Du même auteur

Les Origines de la vie
Seuil, coll. « Points Sciences », 1966

Le Macroscope
Seuil, 1975
coll. « Points », 1977

Les Chemins de la vie
Seuil, 1983
coll. « Points », 1984

Le Cerveau planétaire
Olivier Orban, 1986

en collaboration avec Stella de Rosnay

La Malbouffe
Olivier Orban, 1979
Seuil, coll. « Points Actuels », 1981

Branchez-vous !
Olivier Orban, 1984

Joël de Rosnay

Le cerveau planétaire

Olivier Orban

EN COUVERTURE : illustration José David.

ISBN 2-02-009828-8
(ISBN 1re publication : 2-85565-313-4)

A Arnaud, mon frère,
disparu le 24 novembre 1984
en mer de Chine

TABLE

DE L'ÉNERGIE A L'INFORMATION
La nouvelle révolution industrielle

LES DÉFIS TECHNOLOGIQUES
La course internationale à l'innovation

DES ÉQUILIBRES FRAGILES
Les retombées de l'aventure industrielle

VERS UNE CONSCIENCE GLOBALE
La volonté de changer

LES NEURONES DE LA TERRE

Nous sommes les neurones de la terre : les cellules d'un cerveau en formation aux dimensions de la planète. Malgré nos luttes, et nos haines, malgré l'abîme de nos divergences nous participons tous, consciemment ou inconsciemment, à cette construction dont dépend notre destin. Comme pour les neurones du cerveau, notre propension à communiquer est sans limites. Placés dans un milieu nutritif, les neurones en culture se divisent, forment des prolongements et des filaments qui leur permettent de se connecter les uns aux autres. Filmés en prise de vue accélérée, on les voit se « chercher », établir des liaisons étroitement imbriquées. Toute l'histoire de la communication sur la terre fait ressortir les mêmes principes à l'œuvre : formation de réseaux, physiques ou immatériels, par contact direct, par signaux chimiques, circulation d'électrons, de sons ou d'images ; entre molécules dans les cellules, entre cellules dans l'organisme, entre individus dans les sociétés animales ou humaines. Aujourd'hui, les réseaux de communication par satellites ou ceux de la télématique personnelle figurent parmi les premiers circuits du système nerveux de la société. Les personnes qui participent à la création de ces réseaux ou qui les utilisent régulièrement, ont le sentiment d'être les cellules des nouveaux organes sensoriels dont se dote la planète. Il y a près de vingt ans, leurs précurseurs existaient localement sur quelques campus de grandes universités, notamment aux États-Unis.

En 1968, au MIT (Institut de technologie du Massachusetts), je travaillais sur le projet MAC (Man and Computers) à la réalisation de dessins animés par ordinateur, illustrant certains aspects du fonctionnement des enzymes. Grâce à un terminal placé dans mon bureau, je pouvais interroger l'ordinateur central, communiquer avec d'autres utilisateurs, créer un logiciel et le laisser en mémoire afin que d'autres puissent, à leur tour, s'en servir. Il me semblait que le projet MAC, ses terminaux, ses réseaux, sa mémoire sans cesse enrichie et mise à jour, constituaient le modèle d'un nouveau type de machine à communiquer, construite progressivement par notre travail quotidien, point de convergence d'une multiplicité de créations individuelles, intégrant les cerveaux des étudiants, des professeurs ou des industriels attachés au projet, avec les circuits des grands ordinateurs du « Computer Center ». J'eus soudain la vision éclatante d'une image : nous étions en train de fabriquer « de l'intérieur » l'ébauche d'une sorte de cerveau dont nous étions les éléments interconnectés. Cette image ne m'a jamais quitté. Elle s'est enrichie depuis par l'observation de la constitution progressive sur la terre des grands réseaux de télécommunication, industriels, publics, militaires, financiers, météorologiques, médiatiques ou personnels, par lesquels passent désormais les flux vitaux qui animent le monde. Je me suis promis de témoigner à ma manière de cette phase sans précédent de l'histoire de la société : le passage à une « société de l'immatériel » dont la fluidité en matière de communication préfigure l'émergence d'une conscience globale.

Plutôt qu'un récit scientifique, technique, voire historique, rendu difficile par la complexité et l'immensité du sujet, j'ai choisi une approche de « reporter » sur les étapes de la construction du cerveau planétaire. Une succession d'événements empruntés à l'actualité quotidienne et servant de support à une réflexion plus générale sur les outils, les modèles, les structures, les fonctionnements, les erreurs, les risques ou les implications humaines et sociales de ce grand réseau pensant. Ce livre est divisé en sept sections :

Les trois premières traitent des grands secteurs sur lesquels repose en partie l'avènement du cerveau planétaire et qui sont appelés à construire la société de l'après 2000 : la micro-informatique, la biologie et les télécommunications.

La quatrième et la cinquième cherchent à illustrer l'impact de la nouvelle révolution industrielle — celle de l'information — sur l'entreprise et les entrepreneurs, catalyseurs de la société réticulaire. Innovation et goût du risque sont les ingrédients nécessaires d'une stratégie planétaire de conquête des marchés internationaux.

Les deux dernières sections se penchent sur l'impact écologique, social et individuel d'une ébauche d'action globale dont le contrôle reste parfois déficient. Un haut degré de complexité signifie fragilité accrue. Pannes des grands systèmes électroniques, pluies acides, pollutions sont souvent les prix à payer pour les tâtonnements de la concertation internationale en matière de technologies. Le cerveau planétaire commence à « penser ». Le choc en retour de cette conscience collective sur nos vies individuelles est en train de bouleverser notre relation au temps et à l'information.

L'INFORMATIQUE EN LIBERTÉ
L'explosion de la « micro »

DU MICRO-ORDINATEUR AU CERVEAU PLANÉTAIRE

Le micro-ordinateur est à la mode. Pour certains, ce n'est qu'un gadget de plus. Pour d'autres une des solutions aux problèmes de l'humanité. Une anecdote qui se rapporte à l'imprimerie peut aussi s'appliquer au monde de la micro-informatique. On raconte qu'au moment où Gutenberg est sorti de son atelier avec son premier texte imprimé à la main, trois personnes l'attendaient : un optimiste, un pessimiste et un homme politique. L'optimiste lui dit : « Votre invention est fantastique, c'est la révolution du siècle, on va enfin pouvoir diffuser la culture à tout le monde. » Le pessimiste rétorqua : « C'est très grave, votre invention va supprimer le travail des scribes et des moines qui recopient les manuscrits. » Et l'homme politique ajouta : « C'est très dangereux, le peuple va rédiger des textes subversifs, il faut établir de la censure. » Lequel d'entre eux avait raison ? En fait, tous les trois avaient raison et tort à la fois. L'optimiste, car l'imprimerie a permis de diffuser la culture, mais a aussi servi de support à de la propagande ou de la publicité « polluantes ». Le pessimiste avait raison, parce que l'imprimerie a mis les moines au chômage, mais ils se sont reconvertis depuis dans la chartreuse. Et l'homme politique avait raison parce qu'on a inventé la censure, mais il avait également tort car l'imprimerie a servi à faire connaître à tous la Déclaration des droits de l'homme. Pourquoi avaient-ils raison et tort à la fois ? Parce que chacun se concentrait sur son domaine, alors que par le jeu du réseau des inter-relations, la complexité du système global dépassait le cadre du problème dans lequel ils se situaient individuellement. A partir d'un certain degré, l'accumulation de changements quantitatifs conduit à des changements qualitatifs fondamentaux. Ainsi en est-il du micro-ordinateur comme il en a été de l'imprimerie.

Pour mieux comprendre le phénomène micro-informatique et sa liaison avec l'évolution de la société, il faut prendre du recul et considérer l'environnement dans lequel il se développe et qu'il modifie en retour. Il existe en effet une étroite relation entre les nouvelles technologies et les changements sociaux. Ces technologies agissent par effets de mutation, d'amplification, parfois aussi d'inhibition. Au premier degré d'observation, la croissance du marché de l'informatique personnelle fait souvent la une de l'actualité. Puis tout à coup, on note une baisse de l'intérêt pour les « micros » domestiques ou ludiques et un essor de la micro-informatique professionnelle. Au second degré, une analyse plus fine fait ressortir l'intégration des micros et du monde des réseaux. Outre cette fonction de communication, le micro apparaît de plus en plus comme un « assistant intellectuel », un « catalyseur de créativité », capable de complexifier le réseau des interrelations humaines, de créer des conditions nouvelles d'évolution du savoir et d'acquisition des connaissances.

Cet angle de vue « au macroscope » considère ainsi l'ensemble du système formé par les hommes, les micro-ordinateurs, les logiciels et les réseaux de communication. Pour mieux faire ressortir la relation entre science, technologie, société et impact sur l'homme, trois regards complémentaires, symbolisés par trois mots clés : réticulation, co-évolution et connectique. Le premier de ces mots clés englobe le rôle du micro-ordinateur dans la formation des réseaux planétaires de communications interpersonnelles. Le second se rapporte aux effets de synergie conduisant à des évolutions technologiques convergentes. Le troisième, enfin, souligne l'importance des interfaces entre les machines et entre les machines et les hommes.

La société en réseaux

Un retour en arrière, pour mieux situer le problème de la réticulation dans le cadre de l'évolution de la société.

Durant la phase nomade de l'évolution humaine, les tribus se déplaçaient à la recherche de leur alimentation, assurée principalement par les produits de la chasse et de la cueillette. Puis les hommes se fixèrent dans les vallées fertiles où naquit l'agriculture, forme de domestication de l'énergie solaire. Les récoltes obtenues par la maîtrise des techniques agricoles conduisirent à une accumulation de grains que l'on pouvait stocker. Il devenait ainsi possible de désynchroniser le travail des hommes des cycles des saisons. Le stockage des grains entraîna la convoitise. Il fut donc nécessaire de se protéger par des murailles, des fortifications, un système de défense à l'intérieur duquel se réfugiaient les familles. La ville naît ainsi dans ces vallées fertiles, il y a environ dix mille ans. Elle devient progressivement une machine à communiquer, un réseau multipliant les échanges, et permettant une grande variété de contacts.

A la fin du XVIIIᵉ siècle, grâce à l'énergie tirée du bois, du charbon, puis du pétrole, naît la machine, celle des industries de toutes natures et des déplacements en tous genres, conduisant à une phase d'exploration de la planète et de croissance industrielle. On crée de nouveaux réseaux : chemins de fer, routes, systèmes de transport d'énergie, voies maritimes et aériennes. En parallèle à cette conquête énergétique fondée sur la découverte des combustibles fossiles, se poursuit un développement accéléré des communications. Depuis la découverte de l'imprimerie, l'utilisation du livre, l'essor de la presse, des médias, le développement du téléphone, de la télévision, des systèmes de stockage de l'information, on assiste à une explosion de la diffusion de l'information. Le livre permet pour la première fois la délocalisation dans l'espace et la désynchronisation dans le temps, de la transmission d'une information. L'apparition de la monnaie vient à son tour bouleverser les réseaux en gestation. La monnaie permet de différer dans le temps un échange fondé sur une information-action. La monnaie délocalise, désynchronise la transaction et complexifie le réseau des interrelations humaines.

Avec la crise de la fin des années 70, la terre et ses ressources apparaissent soudain comme limitées. Toute croissance, tout développement explosif paraissent désormais impossibles dans le « vaisseau spatial » terre. La société se développe alors dans un autre plan. Elle continue certes sa croissance, mais elle se « réticule ». Elle retrouve ainsi un vieux réflexe de la vie lorsqu'elle est menacée : la constitution de réseaux. Qu'il s'agisse de bactéries, de champignons, de lichens, de mousses, les êtres vivants forment des réseaux leur permettant de survivre, de se développer.

Trois types de réseaux utilisés par les systèmes vivants méritent d'être décrits : enzymatique, immunitaire et neuronal. Les réseaux enzymatiques d'abord. Une enzyme est une protéine catalysant des réactions biologiques. Les enzymes travaillent en réseau, à la chaîne. Le produit de l'une est transmis à la suivante. Chacune d'entre elles est un transducteur recevant de l'information sous forme moléculaire et capable d'exécuter une action spécifique sur un substrat de nature différente du signal reçu. Les réseaux immunitaires fondent leurs propriétés sur la relation entre anticorps et antigènes. Les anticorps se reconnaissent également entre eux. Il y a donc création d'un réseau d'une complexité supérieure, accumulation d'information, création d'une « mémoire moléculaire ». Le réseau neuronal, d'après les théories les plus récentes, se développe par un processus de « foisonnement redondant » pendant certaines phases de la vie, puis de stabilisation et de sélection. Les jeunes neurones se divisent, établissent des connexions par l'intermédiaire des axones, lesquels entrent en contact avec d'autres neurones. Les récepteurs à la surface des neurones constituent une « soudure » entre différents réseaux neuronaux. La stabilité de cette soudure dépend du fonctionnement du neurone. Ce fonctionnement est influencé par l'environnement. La soudure peut être stabilisée ou au contraire dégénère si le réseau neuronal auquel elle appartient ne fonctionne pas. Après un certain temps, il devient impossible d'établir de nouvelles soudures. L'ensemble du fonctionnement du réseau rétroagit sur chacun des « nœuds » (à savoir les neurones), ce qui conduit à la stabilisation de certaines connexions.

Nous sommes en train de vivre, sur la planète, l'ère de l'expansion des réseaux dont l'infrastructure s'appelle le téléphone, le câble, la fibre optique, les satellites de télécommunications, les satellites à diffusion directe, les systèmes de stockage d'information, vidéodisque, magnétoscope, carte à mémoire. Nous voyons se développer de nouvelles synergies entre l'ordinateur et le téléphone, conduisant à une télématique grand public. Le micro-ordinateur est en train de créer des « synapses » à l'échelle de la planète. Ce processus commence à changer l'organisation même de la société. La diffusion de l'information s'effectuait traditionnellement de manière pyramidale, hiérarchique, du « haut vers le bas ». Aujourd'hui, grâce à la constitution des réseaux, on voit apparaître une information partagée, horizontale, une information qui commence à remonter vers les centres de décision.

Quelles sont les conséquences de la « réticulation » sociale ? On passe d'une logique de l'énergie — exclusive, conduisant à des systèmes centralisés et hiérarchisés — à une logique de l'information fondée, comme les systèmes biologiques, sur la complémentarité, la synergie et les interdépendances. Distinction importante : on consomme de l'énergie, on ne consomme pas de l'information, car elle est réutilisée en d'autres lieux, en d'autres temps. Autre conséquence, les monopoles que les États ont créés pour le contrôle de l'énergie, des transports, de l'information et de la communication, ne sont plus adaptés. La réticulation conduit à une spécialisation, une différenciation des tissus sociaux, à une territorialisation, à une recherche d'identité culturelle se manifestant par une mosaïque de moyens d'expressions, de canaux de communications, de revues, de magazines, attitudes complémentaires de la globalisation des réseaux. Il existe une relation étroite entre les nœuds du réseau (nous, par exemple) et le réseau lui-même. En évoluant, le réseau modifie les conditions d'existence et la destinée de chacun de ses nœuds. En même temps, chacun des nœuds participe à l'évolution globale du réseau, ce qui conduit à l'émergence de propriétés nouvelles imprévisibles.

La co-évolution des technologies

La co-évolution des technologies constitue le deuxième mot clé. L'étude de l'évolution d'une technique est souvent analytique, séquentielle, linéaire. On isole cette technique de son contexte (le micro-ordinateur, le robot, le satellite) et on extrapole son évolution probable. On néglige souvent de prendre en compte les interdépendances. Par contre, si l'on considère ces évolutions sous l'angle de l'approche systématique, on s'aperçoit que l'on a affaire non plus à des techniques isolées, mais à des systèmes technologiques interdépendants, se développant de manière buissonnante, un peu comme la vie elle-même. Ainsi les biotechnologies, constituées d'un grand nombre de sous-disciplines, ou la micro-électronique et la micro-informatique grand public. Entre ces systèmes technologiques se produisent des croisements, des convergences, des divergences, des synergies.

Quelques exemples : prenons le micro-ordinateur, son imprimante, ses cassettes ou ses disquettes sur lesquelles sont enregistrés les logiciels et le téléviseur auquel il est connecté. Chacun de ces éléments semble évoluer séparément. Pourtant chaque progrès réalisé sur l'un peut être appliqué à un autre. Les imprimantes, par exemple, acquièrent leur propre logique interne : on peut les programmer. Les machines à écrire acquièrent une capacité de traitement de texte. Le micro-ordinateur permettant le traitement de texte se rapproche de la machine à écrire perfectionnée. De même la machine à écrire haut de gamme ressemble de plus en plus à un micro-ordinateur.

La montre sert d'abord à donner l'heure, mais grâce aux cristaux liquides et à l'affichage numérique, elle peut se transformer en micro-ordinateur programmable par induction, grâce à un ordinateur restant au domicile ou au bureau. Le visiophone, grâce à la fibre optique, permet d'accéder à des images couleurs stockées sur un vidéodisque situé en un lieu éloigné. Ce même visiophone peut se transformer en un Minitel et transmettre de l'information vidéotex permettant l'accès aux services Télétel (banques, horaires d'avions). Enfin, dernier perfectionnement, la carte à mémoire permettra d'acheter des produits avec un terminal placé dans le poste visiophone. On perçoit ainsi le nombre et la variété des techniques qui convergent dans le visiophone et les services qu'il offre.

Ces exemples montrent qu'on ne peut plus considérer l'évolution d'une technologie particulière (qu'il s'agisse du téléphone, du photocopieur, du micro-ordinateur, de la machine à écrire ou du téléviseur) indépendamment les unes des autres. La co-évolution fait émerger de nouveaux systèmes technologiques. L'informatique, la télématique et la bureautique, trois secteurs clés de l'économie sont aujourd'hui en pleine co-évolution.

La connectique : le secret des interfaces

La complexification du réseau nécessite des interfaces adaptées entre les machines et entre l'homme et les machines. C'est le domaine de la connectique, troisième mot clé. Les utilisateurs de micro-ordinateurs connaissent les progrès considérables do ces dernières années pour améliorer les interfaces. Il existe notamment des câbles « intelligents » contenant un microprocesseur et facilitant les connexions entre deux machines de marques différentes. La relation homme-machine est rendue plus facile grâce aux « souris », aux écrans à fenêtres superposées, aux écrans tactiles, aux tablettes graphiques et aux écrans de visualisation en couleurs. La connectique permettant à différentes machines de communiquer les unes avec les autres, crée des conditions nouvelles de travail et de com-

munication. Par exemple, le « télétravail ».
Il y a aujourd'hui des personnes qui « télé-
travaillent » de chez elles pour écrire des
programmes d'ordinateurs ou faire du secrétariat. Un journaliste américain connu
publie une lettre d'information technologique sur trois services télématiques. Le
texte est composé à son domicile, sur son
micro. Il l'envoie par modem aux serveurs
qui publient tous les jours sa lettre d'information. Il connaît le nombre de personnes
qui se sont connectées et jusqu'où elles ont
lu le texte. Il dispose ainsi d'une précieuse
information en retour, lui permettant de
s'adapter aux souhaits de ses lecteurs. Le
télé-achat va devenir une pratique cou-
rante, grâce aux catalogues de produits sur
les serveurs télématiques et à la carte de
crédit. La messagerie électronique entre
dans les mœurs. La connectique foison-
nante grand public, c'est aussi l'éclosion
des téléforums, des bavardages en direct.
Certains usagers disposent d'un mini-ser-
veur d'informations auquel d'autres usagers
accèdent par le téléphone, laissent des messages, font des commentaires, apportent
des précisions. On assiste ainsi à une densi-
fication des réseaux de communications et
d'échanges dans de nombreux secteurs.

Que nous réserve l'avenir dans le domaine

des interfaces entre l'homme et les machines ? D'abord la reconnaissance et la synthèse vocales. Il existe aujourd'hui des machines entraînées à reconnaître la voix de l'utilisateur, et qui exécutent des fonctions qu'on aurait auparavant spécifiées au clavier. Autre domaine d'évolution de l'interface homme-machine : la reconnaissance des images et la lecture automatique. On s'oriente vers des micro-ordinateurs puissants et portables, capables de reconnaître la voix pour certaines fonctions et connectés à des postes fixes. On portera ces micros sur soi, comme on a pris l'habitude de le faire pour une montre, un portefeuille, un carnet de chèques, un stylo, un trousseau de clés... L'intelligence artificielle, disponible sur micro-ordinateur, est déjà une réalité. Les systèmes experts permettent de réaliser des tâches qui paraissaient impossibles il y a encore une quinzaine d'années, allant de travaux effectués dans les laboratoires de biologie à la recherche de pannes dans les circuits d'ordinateurs.

L'homme va-t-il disposer d'interfaces directes avec les ordinateurs ? On peut le supposer, pour peu que l'on considère l'intéressante évolution résultant du mariage de la biologie et de l'informatique. C'est la « biotique », l'utilisation de l'automatique, de l'électronique et de l'informatique dans toutes les disciplines de la biologie. Aujourd'hui, l'interface homme-ordinateur est biomécanique : on appuie sur les touches de claviers, on tourne des boutons. Elle se modifie avec la commande vocale ou les écrans tactiles. Mais elle fait toujours appel à un circuit extérieur compliqué. Lorsque l'on parle à un ordinateur à commande vocale, les impulsions provenant du cerveau sont transformées en contractions musculaires mettant en mouvement les cordes vocales, lesquelles vont faire vibrer l'air sortant de la bouche et capté par un micro. Ces vibrations sont retransformées en impulsions électroniques transmises à un ordinateur. Ne serait-il pas possible de communiquer directement avec les ordinateurs ? De bio-électronique à électronique, grâce à des capteurs spécifiques ? Les progrès réalisés dans le domaine des biosondes et des transducteurs conduisent à penser que l'on pourra prochainement communiquer avec des ordinateurs par des voies sensorielles et pas seulement biomécaniques. Du micro-ordinateur à la société réticulaire, l'homme aura ainsi accompli un pas décisif vers l'interconnexion de son propre cerveau avec le cerveau planétaire.

L'INFORMATION SUR MESURE

Imaginez que vous puissiez recevoir en quelques minutes, dans votre bureau ou à votre domicile, les références et même les résumés d'articles de grands journaux européens et américains, sur les sujets de votre choix. Imaginez que vous puissiez faire l'historique d'événements que vous jugez importants, grâce à une succession de dépêches d'agences de presse. Imaginez enfin que tous ces services ne vous coûtent que quelques centaines de francs par mois. Est-ce un rêve pour l'an 2000 ? Non, il s'agit de la réalité la plus concrète pour tout possesseur d'un Minitel ou d'un micro-ordinateur relié au réseau téléphonique : l'accès sélectif à l'information à partir de bases de données non spécialisées.

Cependant, la constitution et l'exploitation de ces bases d'informations générales, vitales pour l'économie, l'industrie, la culture

31

d'un pays comme le nôtre, risquent de nous échapper. La France est pourtant en avance dans la télématique grand public, grâce à l'implantation de l'annuaire électronique. En 1986, trois millions de Minitel seront en service, mis gratuitement à la disposition des utilisateurs dans certaines régions ou loués. Nous sommes également bien placés dans le domaine des bases de données techniques, juridiques ou économiques. Mais le développement du Minitel et du micro-ordinateur à domicile va accroître la demande pour des informations générales accessibles par des procédures simples, et à l'usage de tous les publics : étudiants, éducateurs, journalistes, industriels, consultants, consommateurs...

Il existe dans le monde plusieurs bases de ce type. Un des systèmes parmi les plus avancés — sur près de 200 bases allant de la médecine aux sciences des matériaux en passant par les biographies de personnalités ou les statistiques sur le commerce international — est sans doute Newsearch, proposé aux États-Unis par Dialog (Lockheed). Newsearch, mis à jour quotidiennement, indexe 1 400 journaux, magazines et périodiques américains. Les données sont transférées tous les mois, d'une part dans Magazine Index, qui « suit », depuis 1976, 370 magazines industriels, économiques, scientifiques, culturels (*Time*,

Newsweek, Business Week, Scientific American, etc.), et d'autre part dans National Newspaper Index, qui « couvre », de la première à la dernière page, le *New York Times*, le *Wall Street Journal* et le *Christian Science Monitor*. A l'exception des cartes météo, des horoscopes, des mots croisés et des cours de la Bourse, tout y est : articles politiques, économiques, recettes de cuisine, poésie, rubriques nécrologiques, analyses de livres...

La majorité de ces journaux étant imprimés par ordinateur, les bandes magnétiques renfermant les textes complets sont transmises en même temps à l'imprimeur et aux producteurs de bases de données. Pour rechercher, par exemple, ce qui avait été récemment écrit sur Orwell (n'y voyez aucune allusion à Big Brother...) il m'a suffi de me connecter à Magazine Index et de taper simplement « Orwell » et « 1984 » pour récolter, en deux minutes, vingt-deux articles récents publiés dans des revues facilement accessibles en France, comme *Newsweek* ou *Time*.

Existe-t-il une base de données parmi les quelque 300 accessibles par Euronet qui permette de rechercher les articles publiés par les principaux quotidiens et périodiques européens ? Un des systèmes les plus performants à l'échelle internationale est Nexis, disponible en France par l'intermédiaire d'un terminal spécialisé et coûteux, à l'usage des professionnels et que l'on ne voit guère entrer prochainement dans le living-room de l'utilisateur moyen. Plus facilement accessible par un Minitel ou un micro-ordinateur est l'excellent service fourni par l'Agence France Presse (service Agora) sur le serveur G.CAM (filiale de la Caisse des dépôts). Toutes les dépêches en français de l'AFP, sur les douze derniers mois, peuvent être triées par mots clés dans le texte intégral de la dépêche, laquelle peut être affichée à l'écran à la demande de l'utilisateur. Le serveur Questel Télésystèmes propose la base Logos, qui indexe les articles de la presse française à caractère politique ou social (déclarations et discours de personnalités politiques par exemple), dont on peut obtenir les résumés à la suite d'une recherche très simple.

Grâce au catalogue d'Euronet, j'avais réussi à trouver une base de langue française (France-Actualité), indexée par une société québécoise (Microfor) et accessible sur le serveur ESA — l'agence spatiale européenne. France-Actualité indexait des quotidiens français tels que *Le Monde*, *Le Matin*, *Le Figaro*, *L'Humanité* et des périodiques comme *Le Nouvel Observateur*, *Le Point*, *Le Monde diplomatique*. Malheureusement, ce service a été interrompu à la suite d'un procès engagé par *Le Monde* contre Microfor pour usage de citations dénaturées, les articles de ce journal étant protégés par copyright. Soucieux de valoriser son patrimoine, *Le Monde* étudie les conditions de création d'une base de données en texte intégral analogue aux grandes bases internationales. Selon les experts, ce procès aurait coûté cinq ans de retard aux sociétés de services prêtes à s'engager dans cette voie.

Pendant sa courte existence, France-Actualité était interrogée à partir de plusieurs pays étrangers, et notamment des États-Unis. Les correspondants lisaient ainsi en français les résumés d'articles de nos journaux, les références indiquées leur permettant ensuite, s'ils le souhaitaient, de se procurer le numéro dans sa totalité. Ces « lecteurs électroniques » sont partis ailleurs. Sans doute sur Textline, proposé par Finsbury Data Service, de Londres, et facilement accessible par Euronet. Ce service indexe et résume les articles de journaux de quatorze pays (dont les États-Unis, la France, l'Angleterre, l'Allemagne, l'Italie, l'Espagne, le Japon...). Entre autres : le *Financial Times*, *Le Monde*, *Les Échos*, *Le Figaro*, le *Frankfurter Allgemeine*, *Le Soir*, l'*International Herald Tribune*, le *Wall Street Journal*, le *Corriere della Sera*, le *Journal de Genève*. De simples mots clés comme « biotechnology » vous donnent toutes les références européennes sur ces sujets. Évidemment, ces résumés sont rédigés en anglais. Il est regrettable de lire certains sujets de la presse française, parfois bien mal traduits, ou diversement interprétés...

Trois conclusions peuvent être tirées de ces quelques explorations dans le dédale des réseaux d'informations qui se constituent à l'échelle mondiale.

La France est en train de prendre du retard. Les bases d'informations générales s'enrichissent quotidiennement. Des habitudes naissent. L'anglais se propage comme une sorte d'espéranto télématique et s'impose de fait dans les procédures d'accès comme dans les résumés. Partis tard dans la compétition internationale, trouverons-nous suffisamment de clients pour justifier nos investissements ?

Les logiciels performants existent. Des accords avec les producteurs de bases d'informations générales nous permettraient peut-être de gagner du temps et de disposer rapidement « en ligne » des articles de nos plus grands quotidiens ou périodiques, sélectionnés à partir du texte intégral et non plus seulement des résumés.

Le visiophone, le Minitel, la télévision par câbles, le vidéodisque, le satellite vont bientôt nous engloutir dans un océan d'informations audiovisuelles. Les banques de données nous fourniront non seulement des textes et des chiffres, mais des images en couleurs (illustrations, plans, cartes, diagrammes, graphiques, photos). Pour survivre à ce nouveau Déluge, nous devrons recourir à notre arche de Noé individuelle : le micro-ordinateur personnel. Filtrage, stockage et sélection de l'information se réaliseront demain grâce à des micros de plus en plus performants.

Juste retour des choses : après quelques décennies de passivité télévisuelle, voici venue l'ère de la « télévision à l'envers ». Les écrans du Minitel, du micro-ordinateur ou du visiophone deviennent des fenêtres que nous déplacerons à notre guise sur le monde de l'information. Apprenons donc sans attendre à nous en servir. Et espérons que nos producteurs nationaux d'informations sauront faire face à temps au nouveau défi mondial représenté par l'accès individuel à l'information « sur mesure ».

MES RÉSEAUX ET MOI

Je voudrais raconter comment je vis avec mon micro-ordinateur dans ce monde nouveau des réseaux, recherchant l'information dont j'ai besoin soit dans le cadre de mes activités professionnelles, soit pour mes articles, cours, conférences. En effet, un micro-ordinateur connectable à plusieurs services télématiques m'est rapidement devenu indispensable, pour diverses fonctions de transferts de technologies, de prospective et de réflexion sur les technologies de l'avenir, de formation, de vulgarisation ou de communication. Je puis témoigner que les réseaux télématiques grand public qui s'installent peu à peu dans les foyers — grâce, notamment, au Minitel — ne sont ni chers, ni réservés aux spécialistes, ni difficiles d'accès.

Comment s'utilisent ces réseaux ? Je dispose à mon domicile d'un micro-ordinateur à poste fixe et de la même marque à mon

bureau. J'utilise également un micro-ordinateur portable qui me sert de machine à écrire,
de terminal de communications ou d'agenda
électronique. Ces ordinateurs sont tous équipés d'un « modem », appareil leur permettant
de communiquer avec d'autres ordinateurs
pour les interroger, leur envoyer des informations, stocker ou lire des messages, par l'intermédiaire du réseau téléphonique. J'ai pris
un abonnement à plusieurs serveurs, soit sur
des bases de données professionnelles, soit
sur des bases « conviviales ».

Voici mes trois principales utilisations des
réseaux télématiques, à des fins professionnelles ou personnelles :

D'abord la messagerie électronique. C'est
un véritable « service postal électronique ». Il
permet, grâce à une « boîte aux lettres » électronique qu'on loue sur l'ordinateur du serveur, de recevoir et d'expédier des messages
à tout utilisateur disposant, lui aussi, d'une
telle boîte. J'utilise quotidiennement le service « Missive » de France Câbles et Radio
(filiale de la Direction générale des télécommunications). En quelques secondes, même à
partir d'un Minitel, avec des instructions simples, on peut se connecter à « Missive » après
avoir tapé son nom et son mot de passe. On
sait combien on a reçu de messages, on peut
en demander les titres, lire ces messages, les
stocker dans des fichiers électroniques, sans

jamais manipuler de papier. A tout instant on peut avoir accès à son « chrono » et lire la liste des messages arrivés depuis trois jours, trois mois ou six mois si on le souhaite, prendre connaissance de n'importe lequel d'entre eux, le détruire ou le classer dans un dossier électronique. On peut rédiger un nouveau message et en envoyer copie à plusieurs personnes. Je me connecte à ma messagerie tous les matins avant de partir au bureau. Il m'arrive, plusieurs fois dans la journée, de l'interroger pour savoir si j'ai reçu des messages et des réponses à des questions posées.

Une des propriétés les plus importantes de la messagerie est de pouvoir envoyer des textes de plusieurs pages. Par exemple, à des amis journalistes, pour qu'ils corrigent un texte et me le renvoient « par le téléphone ». Ainsi, en un week-end, à trois personnes, nous avons fait cinq aller et retour entre nous pour rédiger un article. Avec les moyens classiques, ce même travail aurait demandé au moins une à deux semaines, en raison des frappes successives, des corrections, des délais postaux, etc.

Par l'intermédiaire de la messagerie électronique de « La Source » aux États-Unis, je corresponds avec des collègues au Canada ou en Californie. Nous pouvons échanger ainsi des projets d'articles, préparer ensemble des réunions scientifiques ou échanger des références sur un sujet qui nous intéresse. Si l'un d'entre nous — en accédant aux nouvelles régulières qu'il reçoit sur « La Source » — estime qu'un article peut intéresser des correspondants, le texte est aussitôt envoyé dans les boîtes aux lettres électroniques de plusieurs collègues afin qu'ils puissent également en bénéficier.

Il arrive malheureusement que des personnes tentent de pénétrer dans des boîtes aux lettres électroniques pour les « pirater » et lire les messages qu'elles renferment. L'ordinateur m'a récemment informé qu'une personne inconnue avait essayé (plus de soixante fois dans une journée) de pénétrer par effraction dans ma boîte aux lettres électronique en cherchant mon mot de passe. C'est une expérience désagréable qui n'est pas sans rappeler les méfaits des « pirates électroniques » illustrés par le film *War Games*. Plus les messageries électroniques se développeront, plus le piratage par ordinateur s'amplifiera. Malgré cela, couplée aux ordinateurs qui permettront d'entrer directement des textes par la voix sans avoir à les taper sur un clavier, il est sûr que dans les cinq années à venir, la messagerie se généralisera et deviendra aussi familière que le téléphone ou le téléviseur.

Ma deuxième grande utilisation des réseaux télématiques est la consultation de bases et banques de données, pour rechercher des informations les plus diverses. On peut aujourd'hui s'abonner à des « centrales d'information » comme on s'abonne à l'eau, au gaz ou à l'électricité. Cette information est multiple et variée : histoire, répertoires, commerce international, revues de presse, flashes d'agences de presse, résultats sportifs, thèses, ou livres actuellement publiés. Toute personne ayant dans sa vie professionnelle ou personnelle à rechercher, traiter, stocker, diffuser de l'information devrait savoir utiliser les bases de données. Pour ma part, je consulte deux catégories de bases de données : les bases « conviviales » et les bases « professionnelles ».

Les bases de données conviviales comme « La Source » aux États-Unis ou, dans une certaine mesure, « Calvados » en France, permettent à des correspondants de : participer à des téléforums sur des sujets divers, laisser des « petites annonces », acheter des produits sur catalogue, rechercher des horaires d'avion ou de train, chercher des emplois, acheter ou vendre des actions en bourse, lire des résumés d'articles de presse, participer à des sondages d'opinion, etc. Aux États-Unis, « La Source », « Compuserve » et « Dow Jones » sont les plus importantes. Leur nombre d'abonnés s'accroît de deux à cinq mille par mois. Chacune d'entre elles comprend déjà entre 30 000 et 100 000 abonnés.

Les bases de données professionnelles traitent de sujets scientifiques, techniques, commerciaux ou qui concernent la grande presse. Par exemple, si j'ai besoin de rechercher ce qu'ont déjà écrit des journalistes sur un sujet, je consulte généralement la grande presse internationale, soit en utilisant « Textline » en Angleterre (qui indexe une quarantaine de grands journaux européens quotidiennement), soit les flashes de l'AFP ou de UPI, soit encore « Magazine Index » aux États-Unis. Ceci me permet de lire la presse de manière radicalement nouvelle : au lieu de recevoir les informations au fur et à mesure de la parution de mes journaux habituels, en ne lisant que les quelques articles qui m'intéressent, je lis les journaux « à l'envers » : après avoir interrogé une base de données sur la presse à partir d'un seul mot clé ou de deux ou trois mots clés « croisés » entre eux, je reçois les articles résumés ou les dépêches d'agences des derniers mois ou de la dernière année concernant le sujet. On peut ainsi établir une chronologie. Suivre l'évolution d'un sujet dans le temps. Par exemple, si l'on tape « éducation » et « grand public », on retrouvera tous les articles ou flashes de presse qui traitent de ce sujet. De même en tapant « entreprises pharmaceutiques » et « Japon », on trouvera tous les articles traitant de cette question. On peut ensuite, si on le souhaite, remonter aux articles techniques. Cette procédure fait gagner un temps précieux.

En France, un des plus importants serveurs est Questel-Télésystèmes qui offre, en plus des bases de données scientifiques (Pascal), des bases de données générales comme Logos (articles politiques) ou encore des bases de données sur le droit. Le serveur ESA (European Space Agency) utilise le même programme que Dialog et offre également un très grand nombre de bases de données. Le G-Cam propose notamment Agora, la base de l'AFP.

Il m'arrive souvent de réutiliser des références bibliographiques ou des articles entiers reçus d'une base de données : je les sauvegarde sur une disquette et les reprends ensuite en traitement de texte. Avec quelques modifications, ces bibliographies peuvent être directement introduites dans un article en cours de rédaction.

Je suis souvent surpris de voir à quel point un tel accès à l'information est mal connu de professions qui pourraient en avoir le plus besoin (presse, édition, enseignement notamment). Cela tient peut-être au fait que l'accent a été mis jusqu'à présent sur le « traitement de l'information » qui, pour beaucoup, implique programmation ou calculs compliqués, et pas assez sur la fonction « recherche d'information » ne demandant aucun calcul, aucun langage compliqué, aucune programmation, mais l'accès en langage naturel à des milliards de références stockées ou à des informations que l'on peut croiser les unes avec les autres. Après une expérience de trois ans sur les réseaux télématiques grand public, il me paraît désormais impossible de m'en passer. Je suis convaincu que tous les journalistes devraient apprendre à les utiliser par l'intermédiaire d'un Minitel ou d'un micro-ordinateur personnel.

Est-ce que le fait de travailler avec des réseaux télématiques et des micro-ordinateurs portables ou fixes risque de nous isoler du reste du monde ? Déjà passifs devant la télévision, allons-nous le devenir encore plus en « tête-à-tête » avec notre ordinateur ? Je ne le pense pas. Les petites annonces électroniques, les téléforums, la conversation en direct avec des correspondants dans le monde entier, les messages électroniques, la « convivialité télématique » m'ont fait connaître des personnes que — sans les réseaux — je n'aurais jamais connues et que je rencontre désormais régulièrement.

Lorsqu'on vit avec de tels réseaux, on a l'impression d'avoir le monde « au bout des doigts ». Conditionnés par des années de télévision, nous avons pris l'habitude de recevoir le monde par une petite lucarne sur laquelle nous n'avons aucun contrôle. Avec un micro-ordinateur ou un Minitel, cette lucarne peut se fixer sur les sujets qui nous intéressent. Cela confère un sentiment de participation en « temps réel ». Les réseaux télématiques vont conduire à une révolution sociale profonde. L'information est aujourd'hui une denrée précieuse qui s'achète et se vend comme l'énergie, les matières premières ou les aliments. Beaucoup pensent encore qu'on peut se « débrouiller » pour obtenir une information. Ce n'est plus le cas, en raison des impératifs de rapidité et de fiabilité dictés par la société moderne. Grâce aux réseaux télématiques, aux micro-ordinateurs et au Minitel, chacun peut devenir créateur, producteur et distributeur ; communiquer son savoir et se faire communiquer rapidement celui des autres. Les délais étant réduits et les prix raisonnables, de nombreuses idées nouvelles peuvent germer, complexifiant le réseau et conduisant à une créativité collective accrue. Le grand défi télématique des années à venir peut s'exprimer par une simple alternative : l'utilisation de tels réseaux pourra conduire soit à l'accroissement du fossé entre les « riches en information » et les « pauvres en information », soit à l'accroissement de la créativité de la société humaine grâce à la richesse et à la densité des liaisons entre les différents éléments qui la constituent.

L'UNIVERSITÉ DE L'AN 2000

Tout étudiant s'inscrivant à l'université Carnegie Mellon, aux États-Unis, doit obligatoirement posséder son ordinateur personnel. Des prêts avantageux sont consentis par l'université afin que chaque étudiant puisse s'équiper en matériel adéquat. A la fin de ses études, l'ordinateur lui appartiendra. De plus, ces ordinateurs personnels sont connectés entre eux ainsi qu'à des systèmes centraux possédant d'importantes capacités de mémoire. Les responsables de Carnegie Mellon et de la société IBM qui collaborent à ce projet estiment que ce réseau, qui comprendra 10 000 micro-ordinateurs individuels dans une dizaine d'années, sera le plus grand de ce type au monde.

Il faut prêter attention à une telle initiative. En effet, il ne s'agit pas seulement de la mise en route d'un gros « centre de calcul », mais de l'avènement d'un nouvel outil de communication et d'assistance à la production et au traitement d'informations appartenant à d'autres disciplines que les sciences, comme l'histoire, la littérature, le droit ou la gestion. En fait, l'accroissement de la variété des applications est une des conséquences de l'utilisation même de tels outils. L'informatique joue ici son véritable rôle de « catalyseur intellectuel » : elle fait naître des idées nouvelles, conduit à des activités auxquelles on n'aurait jamais songé. Elle stimule l'imagination et la créativité. Elle accroît le nombre des liaisons et la densité des communications du réseau humain au sein duquel elle s'inscrit.

Quelle utilisation les étudiants feront-ils de ces réseaux ? Ils serviront à la rédaction de documents, au traitement de texte, à la gestion de fichiers bibliographiques personnels, à la communication avec des banques de données, avec d'autres étudiants ou avec des professeurs par l'intermédiaire de messageries électroniques, pour le travail de groupe, les interrogations individuelles ou la rédaction collective de textes. Ils serviront également à la gestion de budgets, à la conception, à la simulation ou au suivi d'expériences scientifiques ; à la création dans les domaines des arts graphiques, de la musique ou de l'architecture et, évidemment, à des calculs d'ingénieur ou à des programmations diverses.

L'ordinateur individuel offre une plus

grande flexibilité d'utilisation que les systèmes en temps partagé, dont les délais d'exé-
cution deviennent trop longs lorsque de nombreux terminaux sont reliés à l'ordinateur
central. Il existe actuellement 800 terminaux
de ce type à Carnegie Mellon. Au contraire,
les micro-ordinateurs peuvent servir tantôt
isolément, tantôt reliés entre eux dans des
réseaux, ou encore se connecter au système
central pour le stockage, le traitement ou la
recherche des données.

Le développement considérable de l'informatique personnalisée dans les universités
est lié à une informatisation en profondeur de
la société américaine, et plus particulièrement des écoles, où des actions spectaculaires sont en train de voir le jour. Ce que l'on
appelle aujourd'hui l'« Apple Bill » est en
passe de bouleverser la relation des jeunes
Américains avec l'informatique. Cette loi est
fondée sur une idée de Steve Jobs, ancien président d'Apple Computer, qui proposait de
faire don d'un ordinateur à chacune des
103 000 écoles des États-Unis (ce qui représente une valeur de 200 millions de dollars),
avec, en retour, l'avantage d'une déduction
fiscale pour l'entreprise ou tout autre fabri-
cant de micro-ordinateurs faisant un tel don.

Déjà, un accès précoce à l'informatique a
conduit, aux États-Unis, à une nouvelle génération d'informaticiens, que l'on appelle les

« computer kids ». Leur créativité et leur imagination se traduisent aujourd'hui par de nouvelles entreprises, et donc des emplois, des produits et des services nouveaux. Plusieurs centaines de firmes de logiciel ont ainsi vu le jour en cinq ans, proposant non seulement les jeux qui ont fait leur succès, mais aussi des programmes professionnels particulièrement performants. Les computer kids sont même en train de bouleverser la nouvelle génération des micro-ordinateurs personnels en créant des programmes qui écrivent d'autres programmes, en ouvrant la micro-informatique à l'intelligence artificielle et aux systèmes experts, en intégrant les périphériques les plus généralement utilisés (micro-imprimante, écran d'affichage ou « modem » — système de communication avec le réseau téléphonique) en une seule et même machine : l'ordinateur personnel portable tenant dans un attaché-case. Ce type de machine marquera la naissance du véritable « assistant intellectuel » des années 90, doté, dans certains cas, de la parole, et capable d'écrire sous la dictée des textes électroniques.

Comment la France se prépare-t-elle à cette vague qui déjà déferle sur l'Europe ? La croissance de la micro-informatique a été spectaculaire : à la fin de cette année, il y aura chez nous près de 500 000 micro-ordinateurs personnels dans les bureaux et les foyers. Ils suscitent déjà de nouveaux types de relations entre parents et enfants. Cependant, dans l'enseignement, les micro-ordinateurs sont souvent utilisés comme « machines à enseigner » perfectionnées pour l'aide à la programmation. Peu de temps est laissé à l'imagination des élèves afin qu'ils puissent se servir de l'ordinateur comme un « catalyseur de créativité ». En tout état de cause, ces ordinateurs sont en nombre insuffisant. Les 10 000 micro-ordinateurs prévus pour les écoles françaises, et dont l'annonce avait tant frappé les observateurs étrangers, n'ont pas encore été installés, tant s'en faut. La nécessité d'acheter du matériel français et le manque de logiciels réduisent la variété des applications et donc leur intérêt dans l'environnement scolaire[1]. Par ailleurs, les langages utilisés pour ces micro-ordinateurs sont généralement — à côté du Basic en anglais — le Basic en français ou le LSE, langages dont l'usage est limité à l'Hexagone ou à quelques pays francophones. Risque-t-on de reproduire dans la micro-informatique les erreurs du Secam ? Que feront les jeunes Français avec des machines dont les langages ne seraient

---

1. Cette situation a été considérablement améliorée par le lancement du plan « Informatique pour tous » en 1985.

pas compatibles avec ceux des autres ? Allons-nous nous isoler et risquer de manquer une révolution dans la communication aussi importante que l'ont été l'imprimerie, le téléphone ou la télévision ? Certes, pour beaucoup, l'ordinateur n'accomplit rien de plus que ce qui se fait déjà « à la main ». Peut-être le fait-il plus vite, mais il « n'ajoute rien ». Une telle attitude n'est pas sans rappeler cette prédiction d'un clerc du XVe siècle : « L'imprimerie n'a pas d'avenir, car personne ne sait lire. »

LES « BRANCHÉS » DU TROISIÈME AGE

L'imagerie populaire et les publicités sur les micro-ordinateurs montrent invariablement de très jeunes enfants, l'air intelligent, pianotant sur des claviers, l'œil fixé sur les écrans. Les adultes et les plus âgés — en particulier ceux du troisième âge — se sentent hors course, « lâchés », sans espoir de retour. Déjà le vocabulaire, les styles de vie, la mode, les mœurs contribuaient à séparer les jeunes des « vieux ». Voici maintenant la micro qui crée un véritable sentiment de frustration et d'abandon chez les personnes âgées, un nouveau fossé entre générations.

Pourtant la micro-informatique (si l'on sait l'adapter et l'utiliser) pourrait se révéler, paradoxalement, un outil particulièrement enrichissant pour le troisième âge. Signe avant-coureur : en Californie a été créée Senior Software Inc. — une entreprise dirigée par Stuart Schwartz, psychiatre de San Francisco —, dont le but principal est l'adaptation des logiciels existants aux habitudes et handicaps des personnes âgées.

On peut s'étonner que les spécialistes du marketing et de la publicité n'aient pas encore réalisé l'importance croissante d'un tel marché. Plusieurs tendances convergent pour la faire ressortir, au premier rang desquelles l'évolution de la pyramide des âges et la facilité croissante d'utilisation des micro-ordinateurs et des réseaux télématiques.

L'avenir appartient aux personnes âgées. Les statistiques et les tendances démographiques le montrent : par suite de la baisse de la natalité, on assiste à un vieillissement de la population dans les pays développés. Les personnes âgées prennent de ce fait une place de plus en plus grande dans la société ; en France, près de 13 % de la population a plus de 65 ans. Les progrès de la médecine, une meilleure hygiène de vie, une alimentation mieux équilibrée et la réduction progressive de la consommation de certains poisons familiers comme l'alcool et le tabac conduiront à un accroissement sensible de la durée de vie, vers la fin de ce siècle et au début du prochain.

Autre tendance complémentaire, micro-ordinateurs et réseaux de communication peuvent concourir à satisfaire certains besoins des personnes âgées : communication, accès à l'information, assistance administrative, assistance dans la comparaison et les choix de produits, les achats, le règlement des factures, la tenue des comptes. Mais le micro-ordinateur a d'autres avantages qui permettent de contribuer à améliorer la qualité de la vie dans le troisième âge. Notamment en aidant à rompre l'isolement et à conserver la curiosité indispensable pour la vivacité de l'esprit et la force du caractère. Les jeux peuvent favoriser la confrontation, faciliter la vie en société, la création de groupes d'intérêt, de clubs, accroître la confiance en soi et le respect des autres. Parmi les applications qu'il convient donc d'envisager figurent la composition de textes et de dessins, la gestion de petits fichiers, la petite comptabilité, les jeux de simulation didactiques, les jeux de groupes, la composition musicale, la communication par le réseau téléphonique avec des centres d'information pour l'obtention de renseignements ou de données diverses, conçues et adaptées pour le troisième âge. Le Minitel peut jouer ici un rôle irremplaçable : renseignements administratifs, achats sur catalogue avec carte à mémoire évitant les déplacements souvent difficiles, contacts et dialogues avec les micro-serveurs de cabinets médicaux ou de conseils divers. A la différence de la télévision, qui isole et rend passif, la micro-informatique conduit à fixer des objectifs, à définir des stratégies, à explorer de nouvelles voies de connaissance de soi et des autres.

Certes, il faut se garder de trop généraliser ou de peindre prématurément une scène idyllique du mariage des anciens et des micros : seule une fraction de cette population s'intéressera sans doute à une telle approche, en fonction d'ailleurs de sa prédisposition ou de son expérience. Il reste beaucoup à faire. La majorité des logiciels commerciaux, notamment, ne sont pas adaptés aux personnes âgées. Des réajustements réciproques seront donc nécessaires avant d'atteindre un tel degré d'utilisation. Il suffirait cependant de quelques modifications : ralentir le déroulement de certains programmes ; accroître la taille des caractères sur les écrans ; simplifier les « menus » présentés à l'écran, les fonctions, les explications et les notices.

L'accent mis sur les jeunes et la micro-informatique, avec son image « maths » et « programmation » — aujourd'hui quelque peu dépassée —, a contribué à occulter le problème posé par le rôle, les avantages de l'insertion de la micro-informatique et de la télématique dans l'univers des personnes âgées. Un effort national pourrait être entrepris pour valoriser l'immense potentiel créatif et l'expérience de l'ancienne génération. Il existe certainement un vaste réservoir de bénévoles et

de volontaires pour aider à rassurer, confor-
ter, initier les personnes âgées dans leurs premiers pas en informatique. Les universités du
troisième âge ont montré l'intérêt des plus de
65 ans pour des disciplines scientifiques ou
littéraires ; elles ont également montré leur
curiosité, leur volonté d'apprendre, d'aller
plus loin, de se cultiver, de se dépasser. Face
à la micro-informatique, le troisième âge peut
devenir un « nouvel âge ». Les clubs X 2000,
les annexes régionales du Centre mondial de
l'informatique, les ateliers prévus dans le
cadre du « plan Fabius », les 5 millions de
Minitel disponibles en France en 1987 représentent autant d'occasions pour faire pénétrer
la micro-informatique chez les personnes
âgées, dont la volonté de comprendre, de « s'y
mettre », de participer, d'évoluer est plus forte
que ne le soupçonnent sans doute constructeurs et revendeurs.

Il n'y a pas d'âge pour l'informatique. Les
retraités ne sont ni « débranchés » ni irrécu-
pérables pour nos sociétés modernes. Ils sont
au contraire — si on sait les entendre — riches
de savoir, de savoir-faire, de bon sens et
d'expérience. Voilà une réelle occasion de
participer avec eux à la construction de l'avenir. La micro-informatique peut être un des
catalyseurs de cette grande aventure.

LES PERCÉES DE LA BIOLOGIE
Outils et modèles pour un cerveau planétaire

CERVEAU : MODE D'EMPLOI

Grâce à *L'Homme neuronal*, le très beau livre de Jean-Pierre Changeux, le cerveau prend sa vraie dimension à la pointe de la neurobiologie et au cœur des sciences de l'homme. Cet ouvrage, à la fois historique et didactique, scientifique et philosophique, s'inscrit dans la lignée des grands livres d'autres pastoriens dont les travaux préfiguraient la révolution biologique : celui de Jacques Monod, *Le Hasard et la Nécessité*, qui avait révélé à un large public l'existence et le rôle des mécanismes moléculaires à l'origine de la vie et au cœur des cellules vivantes ; celui de François Jacob, *La Logique du vivant*, qui mettait en lumière l'importance de la génétique comme fondement de l'évolution biologique.

L'Homme neuronal jette un pont entre le cérébral et le social. Il enracine le biologique dans la société et, réciproquement, incite les

sciences humaines à tenir compte des décou-
vertes les plus récentes des biologistes. Un
des grands mérites de Jean-Pierre Changeux
est d'avoir réussi, grâce aux théories scientifiques qu'il propose et aux perspectives philosophiques qu'il ouvre, à dépasser les opposi-
tions, jadis irréductibles, sur lesquelles
butaient toutes les tentatives de liaison entre
corps et esprit. Changeux ne dissèque pas le
cerveau à la recherche de *la* cause de tel
mécanisme ou de *la* conséquence de tel autre.
Son approche n'est ni réductionniste (le fonctionnement du tout se ramène à celui de ses
éléments) ni « holiste » (le tout est « plus »
que la somme de ses éléments). Elle est globale, systémique et ouverte : chaque élément
d'un système contribue à son fonctionnement
d'ensemble, lequel influence *en retour* les
caractéristiques et le développement de
chaque élément. L'accent est donc mis sur la
relation, les interdépendances, les cascades
d'amplifications et d'inhibitions, la combinaison des effets dans le temps et l'espace, les
régulations à plusieurs niveaux et les hiérar-
chies enchevêtrées. On est loin des réduction-
nismes simplistes ou des vitalismes stériles
de la première moitié de ce siècle.

Avec un remarquable talent d'historien des
sciences, Changeux nous raconte les étapes
de la découverte du cerveau par lui-même.
Cette passionnante histoire, loin d'être un

recueil monotone des grandes victoires de la science, retrace les luttes de territoires, les conflits d'écoles, les obscurantismes rétrogrades, les percées fulgurantes qui « font » la science autant que les savants eux-mêmes. On voit ainsi émerger, peu à peu, les notions modernes d'aire cérébrale, de neurone, d'influx nerveux, de synapse, de neurotransmetteur. L'auteur se fait alors pédagogue. Il nous entraîne dans le dédale des câblages, microcircuits, réseaux de cette extraordinaire machine-système qui nous sert à penser — assemblages en modules ou en cristaux, oscillateurs, transducteurs, transmetteurs, amplificateurs. Le rôle de chaque structure, de chaque élément, est décrit avec un brio didactique et une clarté inhabituels de la part d'un chercheur. Le vocabulaire et les concepts utilisés rappellent ceux des informaticiens et des ingénieurs des communications. On réalise le bond considérable que le rapprochement de ces disciplines est en train de faire accomplir à la connaissance du cerveau.

Puis on découvre le cerveau en action. Les notions familières — émotion, douleur, plaisir, peur, faim, sommeil, rêve — s'éclairent « de l'intérieur », reliées par une « théorie biologique des objets mentaux », faisant intervenir tour à tour images mentales, concepts, propriétés associatives, « graphes neuroniques » et leurs multiples interconnexions à la fois locales et délocalisées, d'où la fluidité du mental et sa combinatoire. C'est alors que Changeux pose les bases de sa théorie : la relation entre génétique, développement et complexification du réseau nerveux.

Au départ, une constatation et une contradiction. Notre cortex cérébral contient, à la naissance, environ 30 milliards de neurones. Ce nombre ne fera que décroître tout au long de la vie. Ce qui s'accroît, par contre, est la complexité du réseau, due à la capacité de connexion des neurones, chacun étant relié chez l'adulte à 10 000 autres en moyenne. Une complexité qui se traduit par un nombre astronomique de 10 puissance 15 contacts (ou synapses) ! Comment un tel développement peut-il se produire à partir du programme génétique, puisque le nombre de synapses dépasse très largement toute la capacité de codage de l'ADN ? Pour Changeux, un programme génétique minimal permet aux neurones de se diviser et de se connecter à d'autres. Mais l'environnement prend le relais pour moduler la « densité » du réseau. Les contacts interneuronaux, labiles au départ, sont stabilisés et sélectionnés par suite du fonctionnement global du réseau et de son interaction avec l'environnement. Après une phase transitoire, au cours de laquelle les liaisons sont redondantes, apparaît une phase de stabilisation sélective par élimination des connexions superflues. Des neurones meurent, mais cette hécatombe fait partie du développement normal d'un individu. Apprendre, c'est donc éliminer.

Cette théorie, peu à peu confirmée par l'expérience, est d'une très grande portée. Jean-Pierre Changeux, à la fois modeste et prudent, se garde de toute extrapolation à d'autres domaines que la biologie. Mais ce qu'il nous propose n'est autre qu'une théorie de la communication et de l'organisation, réunissant systèmes physiques, biologiques et sociaux. En montrant le rôle de chaque « nœud » dans les fonctions globales d'un réseau et, réciproquement, le rôle du réseau sur la sélection et la stabilisation des propriétés de chaque nœud, il suggère des extensions de sa théorie à d'autres systèmes : réseaux enzymatiques, immunitaires, mais aussi réseaux écologiques, économiques, sociaux (entreprises, villes, télécommunications).

Ce qui émerge, en définitive, de la combinatoire neuronale proposée par Changeux, du jeu du local et du global, de la fluidité des échanges et de la régulation des fonctionnements, est la « pensée ». Non pas comme une propriété autre, distincte de son support, mais comme résultat et cause du fonctionnement global du système cerveau/pensée. Comme le dit Changeux, « la conscience *est* ce système de régulation en fonctionnement ». L'un ne produit pas l'autre : les deux s'autoproduisent. Il s'agit donc d'une même réalité décrite par différents langages. « Désormais, poursuit l'auteur, à quoi bon parler d' "esprit" ? Il n'y a plus que deux "aspects" d'un seul et même événement que l'on pourra décrire avec des termes empruntés soit au langage du psychologue (ou de l'introspection), soit à celui du neurobiologiste. » On réalise la portée d'une telle attitude : elle laisserait la place, à côté du langage scientifique, à d'autres langages (poésie, art, religion ?), pour décrire une même réalité perçue selon des expériences différentes. Mais la fluidité de l'imaginaire devra se matérialiser, dans la communication avec les autres hommes, par l'acte créateur. La créativité comme l'imagination, l'intuition, l'intelligence dépendent de la complexité du réseau neuronal. Donc de ses capacités combinatoires, acquises par l'éducation, l'observation, l'expérience et la confrontation avec la réalité d'un environnement dont nous portons l'image et l'empreinte socioculturelle dans nos graphes neuroniques.

Avec *L'Homme neuronal*, Changeux nous invite à la reconquête de notre espace intérieur, à partir d'une autre logique permettant d'appréhender « de l'extérieur » celle de notre propre cerveau. L'homme neuronal est

l'homme global, enfin réunifié, enfin réinté-
gré en lui-même et en son environnement.
Une nouvelle base pour la connaissance et
l'action, à l'aube d'une ère qui sera marquée
par la biologie, l'informatique et les réseaux
de communication.

POUVOIR SUR LA VIE

Depuis quelques années déjà, en raison des percées foudroyantes de la biologie, nous sommes confrontés aux problèmes humains, sociaux, moraux, posés par le génie génétique, les nouvelles méthodes de contraception ou d'avortement. Mais aujourd'hui, ce dont il est question s'appelle : don de sperme et d'ovules, insémination artificielle, « bébés éprouvettes », banques d'embryons. Demain, ce sera peut-être : choix du sexe des enfants et — pourquoi pas ? — de certaines « qualités » souhaitées par leurs parents.

Il y a deux ans, trois événements sont venus nous rappeler la réalité de ces préoccupations : la publication du beau livre de Robert Clarke, *Les Enfants de la science ;* la décision du tribunal de Créteil en faveur de la demande d'insémination *post mortem* de Corinne Parpalaix ; la publication en Grande-Bretagne du rapport de la commission Warnock qui, pour la première fois, a édicté des règles sur les expérimentations susceptibles d'être réalisées sur des embryons humains.

L'affaire Parpalaix a passionné le grand public. Preuve que chacun d'entre nous se sent concerné, aux racines mêmes de sa vie. Ce cas a clairement posé le problème du don de la vie après la mort, de la filiation d'un enfant légalement orphelin avant même d'avoir été conçu. Il a fait ressortir l'inadaptation du droit face aux progrès des sciences de la vie.

Le livre de Robert Clarke, remarquable par sa clarté, son courage, sa lucidité, dresse un panorama complet des questions touchant à la procréation humaine et nous permet de regarder en face l'avenir même de notre espèce. Il nous conduit à nous interroger sur les pouvoirs et la responsabilité des scientifiques ; les rapports entre la science et l'argent ; le contrôle par le public des grandes percées, parfois aveugles, de la science moderne. « De savoir sur la vie, la biologie devient pouvoir sur la vie », nous dit Robert Clarke. Les biologistes savent aujourd'hui conserver du sperme, des ovules ou des embryons humains congelés dans de l'azote liquide ; féconder un ovule en éprouvette ; réimplanter un embryon de quelques cellules dans une mère stérile, ou dans une mère

« porteuse volontaire » ; ou encore aider au choix du sexe des enfants en utilisant certaines propriétés physiques des spermatozoïdes. Verra-t-on se développer un commerce de produits humains proposant sperme, ovules, embryons à des acheteurs divers ? Étiquetés sur les rayons de quelque officine, prêts à l'emploi ? A quand le « contrôle de qualité » ?

La commission Warnock a établi que les expérimentations sur l'embryon devraient être interdites après quatorze jours. Passé cette date se forme en effet l'ébauche du système nerveux central. Mais cette commission a buté sur d'autres questions : Quand commence la vie ? L'embryon a-t-il des droits ? Doit-il être protégé par la loi comme toute personne sans assistance ? Dans l'affirmative, à partir de quel moment de sa vie ? Il est un être humain potentiel, mais où commence une telle potentialité ?

Quelques cas réels ou prochainement réalisables permettent de mesurer l'ampleur des problèmes posés par les nouveaux pouvoirs de la biologie.

Un couple d'Américains stérile s'est rendu en 1981 en Australie pour tenter d'avoir un enfant. Les médecins ont prélevé trois ovules, qui ont été fécondés. Un premier œuf, réimplanté, a conduit à une fausse couche. Après avoir fait congeler les deux autres œufs, le couple rentre aux États-Unis et trouve la mort en 1983 dans un accident d'avion, laissant une fortune de 7 millions de dollars. Que faire dès embryons ? Un tribunal australien vient de se prononcer pour leur destruction, sous réserve d'un avis contraire de l'opinion publique. Déjà les médecins australiens ont reçu de nombreuses demandes de femmes désirant se faire implanter ces embryons, susceptibles de conduire à des enfants riches dès leur naissance. Cependant, le sperme n'étant pas du mari mais d'un donneur volontaire, quels seront les droits des héritiers ?

Un couple d'homosexuelles désire un enfant qui soit vraiment d'elles. La première se fait prélever un ovule fécondé par un donneur extérieur. La seconde se fait réimplanter l'embryon : l'enfant aura deux mères biologiques.

Des techniques désormais courantes chez l'animal permettent de diviser en deux un œuf fécondé, produisant ainsi des jumeaux. Serait-il possible d'expérimenter sur un embryon humain résultant d'un œuf coupé en deux ? A qui appartiendrait alors cette seconde moitié ? La science pourrait-elle disposer de son avenir et laisser vivre son frère ou sa sœur ?

Ces quelques exemples conduisent à se poser des questions aujourd'hui sans réponse : que se passerait-il si une mère de « location » mourait pendant sa grossesse ? Qui serait responsable ? Quel pourrait être l'effet global d'un choix facile du sexe de son enfant par des méthodes aussi simples et répandues que celles du « test de grossesse » ? Et que dire des progrès de la génétique et des modifications de l'hérédité humaine ? On a beaucoup parlé des manipulations génétiques sur les bactéries, les plantes ou les animaux. Mais certaines de ces nouvelles techniques sont transposables à l'humain : traitement moléculaire de gènes défectueux ; « biosondes » permettant de faire la « cartographie » de l'ensemble du patrimoine génétique humain ; tests génétiques pour détecter les « plus aptes » à certaines fonctions, comme cela a été réalisé dans des entreprises aux États-Unis. Si le traitement génétique devenait de plus en plus facile, ne serait-on pas amené à le demander pour des traitements de convenance ? Mais qui décidera alors de ce qui est un « bon » ou un « mauvais » gène ? En fonction de quels critères ? De quelles valeurs ?

Nous sommes désarmés. Il n'y a pas de réponses générales. Seulement des cas particuliers. Des cas humains. Et c'est là le problème. La science évolue, la législation doit suivre. Dans un avenir proche, la biologie posera également des problèmes d'ordre

sociopolitique. En effet, les progrès de la biologie moléculaire débouchent sur une meilleure compréhension du cancer et des process-
sus du vieillissement. Cette terrible maladie
mieux traitée et le vieillissement mieux maî-
trisé, irons-nous vers une société à dominante
« troisième âge » ? Qu'en sera-t-il de l'équilibre entre la population active et les retraités ?

Les questions soulevées par le livre de
Robert Clarke ou le cas de Corinne Parpalaix
dépassent l'éthique ou la morale, pour poser
de véritables problèmes de société. Les rapports d'experts comme celui de la commission
Warnock — ou celui du Comité d'éthique mis
en place en France par le président de la
République — conduisent à des conclusions
souvent trop tranchées, trop catégoriques. La
biologie se nourrit de demi-teintes. Le gris
plutôt que le noir ou le blanc. Pourtant le
public réclame des directives claires. Peut-on
rêver d'un consensus ? Comment l'atteindre ?
Par quel processus ? Le rôle des médias et
leur coopération avec les scientifiques sont ici
essentiels. Il faut sans cesse informer pour
aider à choisir, à s'orienter, à vivre avec la
nouvelle biologie qui façonnera la fin de ce
siècle et le début de l'autre plus peut-être
qu'aucune science ne l'a fait jusqu'alors.
Faute de quoi, il apparaîtra très vite que nous
sommes déjà entrés dans « le meilleur des
mondes ».

CHIRURGIENS DES GÈNES

Les progrès du génie génétique sont en train de bouleverser les moyens dont dispose la médecine pour aborder le diagnostic, voire le traitement de certaines maladies génétiques. On sait aujourd'hui isoler un gène humain en quantité suffisante pour l'analyser dans le détail. On sait également utiliser des sondes moléculaires, véritables têtes chercheuses capables de repérer parmi les milliards de « lettres » du code qui compose le matériel héréditaire d'un être humain la « phrase » contenant les mots dans lesquels se trouvent les « fautes de frappe » génétiques, causes de maladies héréditaires. Grâce à de telles techniques, on a pu effectuer des expériences préliminaires permettant d'ouvrir la voie d'un diagnostic précoce de maladies comme la thalassémie, une grave affection du sang.

La première expérience visant à traiter une

maladie génétique humaine avait été réalisée en 1980 par le Pr Martin Cline, de l'université de Californie, sur des malades volontaires, mais dans des conditions jugées inacceptables par la communauté scientifique, car réalisées sans l'autorisation préalable des instances officielles. Mis au ban de cette communauté, Martin Cline est aujourd'hui privé de ses moyens de recherche.

En France, sur les 2 000 maladies congénitales répertoriées, le mongolisme (qui affecte un enfant pour 600 naissances normales), la mucoviscidose (1 sur 1 500) et la myopathie (maladie musculaire : 1 naissance sur 6 000) comptent parmi les plus importantes. D'après l'Organisation mondiale de la santé (OMS), plus de 100 millions de personnes dans le monde sont porteuses de maladies sanguines héréditaires potentiellement létales, et près de 200 000 enfants en meurent annuellement. Un des seuls moyens permettant actuellement de détecter de telles maladies est d'effectuer suffisamment tôt un diagnostic prénatal. S'il est positif, les parents peuvent décider d'interrompre une grossesse à haut risque.

Des chercheurs tentent aujourd'hui de traiter certaines maladies génétiques en s'attaquant directement au gène défectueux. L'une d'entre elles est le syndrome de Lesch et Nyhan, qui touche les enfants et dont les symptômes incluent retards psychiques, infirmité motrice cérébrale et automutilations incontrôlables. Cette affection est due à l'absence d'une enzyme essentielle aux fonctions cellulaires, appelée par les chercheurs « HPRT ».

L'expérience doit se dérouler par « auto-transplantation » et de la manière suivante : les chercheurs prélèvent tout d'abord des cellules de moelle dans l'os de la hanche d'enfants atteints par la maladie de Lesch et Nyhan. Ces cellules, qui permettent à l'organisme de produire en permanence d'autres cellules essentielles à son fonctionnement, sont ensuite traitées *in vitro* pour recevoir le gène permettant la fabrication de l'enzyme HPRT, puis réimplantées dans l'os où elles doivent donner naissance à des cellules en bonne santé. Ce type de traitement génétique est limité à un individu, mais il est théoriquement possible de traiter des cellules germinales, ce qui affecterait la descendance.

De telles expériences posent évidemment un certain nombre de problèmes éthiques qu'il faut se préparer à affronter. Les progrès des biotechnologies conduisent à des avancées graduelles auxquelles on s'habitue peu à peu. Les chercheurs ont ainsi réussi à fabriquer une souris géante en lui transplantant le gène de l'hormone de croissance du rat. D'autres se proposent de fabriquer de nouvelles espèces de plantes, inconnues dans la nature.

Ces progrès sont certes essentiels à l'agriculture ou à la médecine — et il ne s'agit pas de les ralentir —, mais il faut aussi savoir poser avec sérénité les questions de fond afin d'éviter des « chocs en retour » d'autant plus graves que la société y sera moins préparée. C'est à cette fin qu'a été créée en France une commission d'éthique, présidée par le Pr Jean Bernard, comprenant des personnalités scientifiques, philosophiques, religieuses appartenant aux principales instances concernées par les problèmes de biologie ou d'éthique. Il est important que les travaux de cette commission soient largement connus du public et que celui-ci puisse — sous une forme à définir — participer aux débats sur des grands sujets tels que les fertilisations *in vitro*, les transferts d'embryons ou les traitements moléculaires de maladies génétiques.

Les mêmes biotechniques qui permettent aujourd'hui d'envisager la guérison de certaines maladies héréditaires pourront être également utilisées pour transplanter des gènes porteurs d'un caractère « souhaitable ». On estime que des affections largement répandues, comme les allergies, le diabète ou des déficiences immunitaires, seraient dues au fonctionnement défectueux de gènes que l'on aurait « tirés » à la loterie de l'hérédité. S'il devient possible de diagnostiquer la présence de ces gènes avant la naissance, quelle devra être l'attitude des parents vis-à-vis des enfants prédisposés à certains risques ?

Encore un pas. Plusieurs de ces maladies héréditaires coûtent cher à la Sécurité sociale. Pourrait-on envisager que leur diagnostic soit rendu obligatoire et que des traitements génétiques appropriés puissent être prescrits par les services de santé ? Et qu'en serait-il d'hypothétiques gènes de la résistance physique, de la tendance à l'agressivité, à la soumission, ou de la capacité à ne dormir que quatre heures par nuit ? Des entreprises vont-elles préconiser, comme cela a failli être le cas aux États-Unis, un *screening* génétique pour ne recruter que les individus les mieux adaptés à certaines fonctions ? Une chose est sûre : les progrès des techniques fines de diagnostic, notamment par sondes moléculaires, conduiront à un éventail de plus en plus large et diversifié d'analyses génétiques.

La morale et la politique sont en retard sur la science. Les progrès de la génétique moléculaire et des biotechnologies ont été fulgurants au cours de ces trois dernières années. Les hommes disposent pour la première fois dans leur évolution du redoutable pouvoir de modifier leur propre hérédité. Pour traiter d'abord des maladies graves. Pour améliorer ensuite des espèces végétales et animales. Jusqu'où iront-ils ? Face à des avancées scientifiques qui concernent aujourd'hui l'espèce humaine tout entière, il est temps de réfléchir non seulement aux limites possibles mais aussi à celles que l'on jugerait souhaitables.

OPÉRATION CANCER

Une formidable bataille sur le front du cancer se livre actuellement dans des centaines de laboratoires à travers le monde. Elle constitue un enjeu considérable à l'échelle internationale, tant pour l'industrie pharmaceutique que pour le prestige des grands pays industrialisés qui l'ont engagée. Les récentes avances de la biologie et de la médecine justifient un effort de vulgarisation. La prudence, cependant, s'impose : on ne peut, surtout lorsqu'il s'agit du cancer, susciter de vains espoirs en donnant l'impression que des remèdes miracles existent. Les voies nouvelles décrites ici ne conduiront sans doute à des diagnostics ou à des thérapeutiques efficaces que dans plusieurs années.

Tout d'abord, quelques précisions :

— On ne devrait pas parler du cancer, mais des cancers. Il en existe en effet plusieurs dizaines de formes différentes (cancer des poumons, du sein, du foie, des os, de la peau, leucémies...).

— Les cancers ne résultent pas d'une seule cause déterminée, mais de plusieurs causes interdépendantes échelonnées dans le temps. Les processus de cancérisation peuvent s'étendre sur dix, vingt et même trente ans.

— Les cancers ne surviennent pas en une seule étape, mais en une succession d'étapes dont les premières ne conduisent pas nécessairement à l'apparition d'un cancer. Dans notre corps, des cellules cancéreuses sont détruites, sans doute quotidiennement, par nos défenses naturelles.

— Il n'existe pas un remède contre le cancer, mais des combinaisons de moyens thérapeutiques (chirurgie, radiothérapie, chimiothérapie, immunothérapie...), auxquelles s'ajoutent la prévention et le dépistage systématique.

— La médecine guérit — ou en tout cas maîtrise — aujourd'hui près d'un cancer sur deux. Le nombre de morts par cancer s'accroît, en partie parce que l'on vit plus vieux, mais certaines formes sont dues à nos modes de vie (tabagisme, habitudes alimentaires, risques professionnels...).

Pour lutter contre le cancer en le traquant sur tous les fronts, il faut d'abord comprendre ses causes moléculaires. C'est un des buts des recherches fondamentales, dont les progrès, depuis deux ans, ont été très importants. Ces recherches se concentrent aujourd'hui sur ce que l'on appelle les oncogènes, les « gènes du cancer ». Découverts dans des virus cancérigènes, on les retrouve dans les cellules normales. On en connaît à ce jour une trentaine, et il en existe peut-être une centaine. Leur rôle est essentiel dans le développement embryonnaire ou la cicatrisation. Mais ces oncogènes peuvent être « réveillés » ou « activés » par divers agents biologiques, chimiques ou physiques (virus, produits cancérigènes, rayonnements ultraviolets ou radioactifs...) et conduire à un dérèglement de la machinerie cellulaire. Des chercheurs ont réussi à recréer de tels processus dans des cellules normales en culture et à les transformer ainsi en cellules cancéreuses.

Les premières explications sur le rôle des oncogènes ont été confirmées par l'expérience. Les cellules normales portent, à leur surface, des « récepteurs » reconnaissant des « signaux » moléculaires servant à déclencher ou à stopper la division cellulaire. Les plans de fabrication de ces récepteurs sont renfermés dans les gènes. Or les oncogènes portent des plans incomplets. Les récepteurs anormaux qui en résultent ne peuvent plus interpréter les signaux qu'ils reçoivent, d'où une prolifération incontrôlée des cellules.

On sait désormais que des oncogènes peuvent être activés par des produits chimiques. Un moyen de prévenir certains cancers consiste donc à détecter « à la source » les produits cancérigènes. La plupart des 66 000 produits chimiques auxquels nous sommes exposés (pesticides, additifs alimentaires, produits cosmétiques, médicaments...), sur les 6 millions connus, n'ont jamais été testés pour leurs effets cancérigènes éventuels. Seuls 345 figurent sur la liste noire des organismes spécialisés. Mais les recherches récentes apportent l'espoir d'une détection améliorée. L'informatique, par exemple, peut aider à prédire le potentiel cancérigène d'une substance donnée à partir de sa structure chimique et à construire ainsi les « arbres » de familles de produits à risque. Des bactéries ont été modifiées par les techniques du génie génétique pour les rendre plus sensibles aux mutations. Elles sont aujourd'hui à la base de tests permettant de détecter des produits cancérigènes. Les grandes entreprises chimiques et pharmaceutiques commencent à soumettre systématiquement leurs nouveaux produits à des batteries de tests de ce type.

Les techniques de dépistage du cancer ont également progressé. On connaît les résultats spectaculaires obtenus grâce au scanner. Plus « en amont », des tests de diagnostic précoce sont mis au point dans de nombreux laboratoires. Ils se fondent sur les propriétés des molécules biologiques de se reconnaître entre elles avec une grande spécificité. Les deux voies les plus prometteuses utilisent tantôt des « sondes » moléculaires capables de « reconnaître » parmi des milliers de gènes ceux qui appartiennent, par exemple, à un virus cancérigène caché dans notre patrimoine génétique ; tantôt de véritables « têtes chercheuses moléculaires », « programmées » par les biologistes pour reconnaître des cellules cancéreuses et y attacher une « étiquette » chimique permettant de les repérer.

De nouvelles voies thérapeutiques viennent également d'être ouvertes par les progrès de la biologie moléculaire et du génie génétique. On connaît les effets secondaires nocifs de la plupart des grands médicaments anticancéreux. C'est pourquoi les chercheurs s'orientent vers des produits biologiques. L'un d'entre eux, l'interféron, pour lequel des essais cliniques se poursuivent dans le monde, a des modes d'action plus complexes qu'on ne le pensait. Mais récemment, les « tueurs naturels » des tumeurs ont été isolés. Il s'agit du TNF (Tumour Necrosis Factor) et des lymphotoxines. Ces substances sont en passe d'être obtenues en quantités importantes grâce au génie génétique, ce qui permettra d'entreprendre des essais cliniques. D'autres équipes ont identifié une substance naturelle, le TAF (Tumour Angiogenesis Factor), produite par la tumeur et qui active la formation d'un réseau très dense de capillaires sanguins assurant l'irrigation de cette même tumeur. Un anti-TAF permettrait d'inhiber la formation des capillaires et donc d'asphyxier une tumeur en pleine croissance.

Ces informations partielles illustrent quelques-uns des axes actuels des recherches et développements parmi les plus avancés. Avant trois ans, on comprendra les fondements des premières étapes des mécanismes moléculaires de la cancérisation. Entre 1990 et 1995, des médicaments efficaces contre certains types de cancer seront commercialisés. Des vaccins contre des cancers, provoqués en partie par des virus, seront mis au point. La grande et nouvelle bataille qui se livrera alors concernera les processus mêmes du vieillissement : un des grands défis de la biologie pour le début du XXIe siècle.

SIDAPHOBIE

Tout le monde parle du Sida. Trop pour les uns. Pas assez pour les autres. Les informations dont on dispose aujourd'hui sont souvent partielles, trop spécialisées, parfois passionnelles. Phénomène médiatique, la sidaphobie serait-elle hors de proportion avec la réalité ? A la fin de 1985, environ 500 cas de Sida avaient été recensés en France depuis 1981, contre 13 000 cas de tuberculose l'an dernier, 500 morts par an de l'hépatite B, 16 500 de cirrhose du foie, 120 000 du cancer, 250 000 de maladies cardio-vasculaires. Au-delà des polémiques et sans se risquer à analyser ici les causes psychosociologiques de l'« événement Sida », il convient de ramener ce phénomène à sa juste place.

Quand a commencé l'épidémie ? En juin 1981, des cliniciens américains, puis le Center for Disease Control d'Atlanta, remarquaient que de jeunes homosexuels étaient atteints d'une pneumonie rare due à un parasite, ou d'un cancer rare de la peau, le sarcome de Kaposi. Leurs défenses immunitaires étaient considérablement affaiblies. La maladie fut baptisée AIDS (Acquired Immuno-Deficiency Syndrome) ou, en français, Sida (syndrome d'immunodéficience acquise). Son origine virale a été rapidement établie. On comptait quelques centaines de malades à la fin de 1981. Il y en a près de 20 000 dans le monde aujourd'hui.

Le virus est-il nouveau ? On connaît des virus de familles voisines qui infectent des animaux, tels le cheval, le mouton ou le singe. Le virus humain du Sida a pu naître en Afrique centrale, probablement au Zaïre, à la fin des années 60 ou au début des années 70. Une mutation des protéines de l'enveloppe du virus a pu le rendre dangereux pour l'homme en lui permettant de s'attaquer à certains de ses globules blancs. Sa transmission aurait pu se faire du singe à l'homme par le sang de cet animal, qui constitue en Afrique un aliment recherché. Mais c'est une hypothèse loin d'être prouvée...

Comment le virus est-il parvenu aux États-Unis ? Selon une hypothèse, le virus aurait gagné Haïti par suite des échanges importants de personnes intervenus entre 1960 et 1970 lors de l'Indépendance du Zaïre. L'état sanitaire de Haïti, le commerce du sang, les maisons de passe pour homosexuels fréquentées par des Américains auraient favorisé la création du foyer infectieux aux États-Unis. Mais on peut aussi supposer l'inverse, une contamination d'Haïti via les États-Unis, où les homosexuels auraient importé directement le virus d'Afrique.

Qui a découvert le virus ? L'antériorité revient incontestablement à l'équipe française de l'Institut Pasteur (CNRS, Inserm), dirigée par le Pr Luc Montagnier, et dont les travaux sont désormais reconnus dans le monde entier. En 1981, le Dr Robert Gallo, du National Institute of Health, avait proposé une association entre le virus du Sida et les HTLV I et II (Human T-Cell Leukemia Virus), soupçonnés de provoquer des leucémies chez l'homme, et qu'il avait découverts en 1978. En janvier 1983, Montagnier et ses collaborateurs, J.-C. Chermann et F. Barré-Sinoussi, isolent d'un ganglion lymphatique d'un jeune homosexuel un virus qu'ils appellent LAV (Lymphadenopathy Associated Virus) et qui apparaît différent des HTLV I et II. Le 20 mai 1983 paraît dans la revue américaine *Science* l'article désormais célèbre dans lequel Montagnier relate la découverte du LAV et son identification. Un brevet, déposé en décembre 1983 par l'Institut Pasteur, n'est toujours pas accordé aux États-Unis. Le 23 avril 1984, le secrétaire d'État américain de la Santé, Margaret Heckler, annonce publiquement la découverte par Gallo de l'agent du Sida, le HTLV III, pratiquement identique au LAV. Cette relation à la famille HTLV est contestée, car ces virus conduisent à une multiplication incontrôlée des globules blancs du type lymphocytes T, alors que le virus du Sida les tue. Le 21 janvier 1985, l'équipe de Pasteur publie la structure complète de l'ADN du virus, devançant de trois jours le groupe de Gallo.

Comment le virus nous infecte-t-il ? Les lymphocytes B fabriquent les anticorps qui vont intervenir directement pour éliminer le virus. Mais pour mettre en route cette fabrication, ils sont soumis à une régulation par un autre type de globules blancs, les lymphocytes T. Parmi ceux-ci, les lymphocytes dits T4 sont nécessaires à l'activation des lymphocytes B, pour leur permettre de produire les anticorps. Le virus LAV a une affinité pour ces lymphocytes T4, les reconnaît, les envahit, s'y développe et les détruit. Avec la destruction des T4, le système immunitaire perd la possibilité de défendre l'organisme contre un envahisseur quelconque. Il y a destruction des défenses immunitaires.

Comment se fait la transmission et quelles sont les personnes à risque ? Il faut obligatoirement que le virus passe dans le sang. La transmission ne peut se faire que par quatre voies : a) par transmission sexuelle (homo ou hétéro), les homosexuels masculins représentant 73 % des cas de Sida dans les pays occidentaux ; b) par échange d'aiguilles infectées lors de l'injection de drogues chez les toxicomanes (17 % des cas) ; c) par transfusion de sang (2 % chez les polytransfusés) ou de produits du sang, tels ceux utilisés pour traiter les hémophiles (1 % des cas) ; d) par la naissance, lorsqu'un enfant naît d'une mère infectée par le virus. Dans 6 à 7 % des cas, les causes restent inconnues. Les prostituées et les personnes ayant des partenaires multiples sont également considérées comme des personnes à risque. Cinquante cas par semaine sont actuellement recensés au Zaïre, touchant autant les femmes que les hommes.

Pourquoi les homosexuels sont-ils plus exposés au Sida ? Celui-ci est-il contagieux ? Il ne s'agit pas d'une prédisposition particulière à l'homosexualité, mais d'un résultat des pratiques et du mode de vie de certains homosexuels, accroissant les risques de contamination. Le Sida est une maladie transmissible mais peu contagieuse. La transmission est impossible par les contacts normaux (poignée

de main, usage de verres ou de couverts, pos-
tillons). Aucun cas de transmission n'a été
recensé, auprès du personnel hospitalier ou
dans les familles des malades, autrement que
par les voies décrites plus haut.

*Quelles sont les maladies dont meurent les
personnes atteintes du Sida ?* Le virus peut se
maintenir longtemps à l'état dormant. L'incubation dure en moyenne deux ans à deux ans
et demi, mais peut aller dans les cas extrêmes
de six mois à cinq ans. La forme bénigne de la
maladie se nomme en anglais ARC (AIDS
Related Complex) ou, en français, syndrome
associé au Sida (SAS), ou para-Sida.
Symptômes : gonflement persistant des gan-
glions lymphatiques, fièvres chroniques,
sueurs nocturnes, diarrhées, perte de poids,
fatigue, éruptions cutanées. A ce jour, on peut
penser que seuls 10 % des individus infectés
auront le Sida. Par suite de l'effondrement des
défenses immunitaires, l'organisme est
envahi par des microbes qui l'habitent.
Ceux-ci provoquent alors des maladies graves et souvent mortelles : pneumonies, abcès
cérébraux (suite d'une toxoplasmose), sarcome de Kaposi, lymphomes, méningites.

*Existe-t-il un test ? un vaccin ? un traite-
ment ?* Des tests de dépistage fiables ont été
récemment mis sur le marché. Depuis le 23

juillet 1985, ces tests (dont Elavia, de Diagnostics Pasteur) sont obligatoires lors de tout don de sang. La fabrication d'un vaccin est difficile, car le virus modifie souvent sa structure. Aujourd'hui, l'arsenal de médicaments dont dispose la médecine moderne permet de traiter efficacement la majorité des infections à microbes « opportunistes ». Pour tenter d'enrayer la propagation du virus ou restaurer les défenses immunitaires, on expérimente des antiviraux (HPA 23) ou des immunostimulants (interféron).

L'enjeu scientifique et économique de la bataille contre le Sida est de taille. Le budget destiné à la recherche, à la prévention et au traitement de la maladie aux États-Unis, qui était de 43 millions de dollars en 1984 et de 126,3 millions de dollars en 1985, sera porté à 219 millions de dollars en 1986. En France, 15 millions de francs ont été investis pour les recherches de l'équipe de l'Institut Pasteur. Il existe d'importants marchés pour de nouveaux tests, vaccins ou médicaments. Celui des tests est de 200 à 400 millions de francs en France et de 115 millions de dollars dans le monde, dont plus de 80 millions de dollars pour les seuls États-Unis.

Le drame humain et social causé par le Sida va sans doute avoir des retombées positives pour la recherche biologique et médicale concernant d'autres maladies virales. De la mobilisation internationale sans précédent des grands laboratoires de recherche publics et privés devraient naître les moyens d'éradiquer le Sida avant la fin de ce siècle.

LE MANAGEMENT DU STRESS

Stress des otages et de leurs familles ; stress des emmurés vivants des tremblements de terre ; stress aussi des hommes politiques ou des responsables industriels en période de crise ; stress encore, moins dramatique ou spectaculaire, de chacun de nous dans notre vie quotidienne : cet ennemi invisible et sournois nous attaque de partout.

Problèmes familiaux, professionnels, violence à la télévision, embouteillages, bruit, perte de contact avec la nature : autant d'agressions de notre équilibre psychologique et physiologique dont la fréquence et l'accumulation conduisent à des dérèglements profonds tels que fatigue chronique, maladies infectieuses, voire cancers. Les biologistes comprennent mieux aujourd'hui les effets du stress sur notre organisme, le rôle des médiateurs chimiques sécrétés par nos cellules, et comment ceux-ci nous préparent à l'action pour fuir des situations stressantes ou lutter contre elles.

Une certaine dose de stress est nécessaire à la survie des êtres vivants. Pour Hans Selye, le biologiste canadien dont les travaux ont conduit à cette importante notion, « le stress, c'est la vie ». Il constitue en effet la base de la motivation et du désir de changement. Un système d'alerte et de mobilisation de nos moyens de défense ou de lutte. En face d'un ennemi, le corps se prépare à l'action : sécrétion d'adrénaline, accroissement du rythme cardiaque, accélération de la respiration, afflux de sang vers les muscles. C'est l'aspect positif du stress. En revanche, si nous n'écoutons pas les signaux internes de notre corps, si nous ne prenons pas le temps nécessaire pour la relaxation, la récupération, la reconstitution de nos réserves, les effets cumulés du stress peuvent être nocifs. En particulier, si l'agression n'est plus physique mais psychologique (conflit avec un supérieur, par exemple), il devient impossible de fuir ou de lutter. C'est l'inhibition de l'action, avec sa cascade de déséquilibres internes se traduisant par de nombreuses affections à des degrés divers de gravité : troubles nerveux, sexuels, du sommeil ou de la digestion ; risques d'hypertension, avec des effets sur les maladies cardiovasculaires ; diminution des défenses immunitaires accroissant la susceptibilité à des maladies infectieuses ou prédisposant au développement de tumeurs.

Comment lutter contre le stress quotidien ? Il est impossible, évidemment, d'agir directement sur la fréquence des événements stressants extérieurs, mais on peut « manager » son propre stress. Il existe des milliers d'articles et de livres sur ce sujet. L'énumération ci-dessous, établie à partir d'une synthèse de recommandations de spécialistes et d'expérience personnelle, a pour but de donner quelques règles simples à appliquer et dont l'efficacité a été démontrée en maintes occasions.

— Les événements les plus stressants sont généralement liés à des problèmes familiaux (décès d'un proche), professionnels (changement de métier), financiers (emprunts), sociaux, affectifs, ou associés à des problèmes de santé. Connaissant la probabilité d'occurrence de certains, étalez leurs échéances dans le temps.

— Les problèmes sur lesquels on a peu de prise comptent également parmi les plus stressants. Posez-vous la question : « Suis-je capable de changer quelque chose à la situation ? » Dans l'affirmative, mettez-vous à l'œuvre. Si vous ne pouvez rien y changer, passez la main, « glissez », en vous donnant bonne conscience !

— Considérez les situations stressantes

comme des défis ou des opportunités vous permettant de tester vos capacités intellectuelles et humaines.

— Parmi les bons moyens d'éliminer les effets du stress figurent la marche ou le jogging pour ceux qui peuvent les pratiquer régulièrement, et évidemment le yoga. Dix minutes de méditation ont un effet déterminant. Assis ou allongé, sentez vos membres peser de tout leur poids ; respirez profondément par l'abdomen, puis par les poumons ; répétez à intervalles réguliers un mot sans signification et concentrez-vous sur une « image » abstraite interne, loin dans le noir, devant vos yeux.

— Apprenez à vous détendre en toutes occasions. Dans l'action : parlez plus doucement, faites moins de gestes, interrompez moins vos interlocuteurs. Avant une réunion importante, isolez-vous, fermez les yeux, respirez profondément une dizaine de fois par l'abdomen ; appuyez votre menton sur votre poitrine, puis relevez lentement la tête le plus en arrière possible, à plusieurs reprises.

— Tirez profit de votre environnement immédiat. Dans les files d'attente, embouteillages, longues réunions, observez, mémorisez, prenez des notes mentales, donnez-vous l'impression d'investir intellectuellement et affectivement. Parlez à un proche de ce qui vous préoccupe ; dialoguez avec vous-même en adoptant une attitude positive vis-à-vis des problèmes.

— Ne retenez pas vos larmes si vous ressentez l'envie de pleurer. Elles permettent d'évacuer rapidement des substances nocives accumulées au cours des réactions provoquées par le stress. La composition chimique des larmes dues au rire, au chagrin ou à l'irritation des yeux diffère. Comme l'urine, les larmes sont un moyen pour le corps d'excréter certaines toxines.

— Surveillez votre alimentation. Mangez moins de graisses, consommez moins d'alcool. La cigarette et le café masquent, pour certains, les effets du stress sans les éliminer. Les dérèglements internes risquent, à terme, d'être amplifiés.

— Apprenez à lutter efficacement contre le stress des voyages et le *jet lag*. Pour en réduire les effets, mangez très légèrement ou même jeûnez au cours des heures précédant le départ. Si vous buvez du café, prenez-le l'après-midi, pas le matin. Dans le cas de vols d'est en ouest (Paris-New York), évitez à l'arrivée de vous laisser éblouir par la lumière naturelle — soleil ou reflets — en portant des lunettes très sombres. En effet, un des principaux régulateurs de notre horloge biologique est le flux lumineux entrant par les yeux. Les premiers jours, réfugiez-vous si possible dès le milieu de l'après-midi dans des lieux éclairés artificiellement.

Ces quelques conseils peuvent paraître futiles ou trop contraignants à certains. Mais seuls des petits réajustements permanents peuvent gommer les effets cumulés du stress. On commence aujourd'hui à comprendre comment notre comportement peut avoir un effet sur notre immunité. C'est le champ tout neuf de la psychoneuro-immunologie, un des grands domaines de la recherche biologique moderne, qui étudie l'interconnexion des trois réseaux assurant l'équilibre de notre organisme : le réseau nerveux, le réseau immunitaire et le réseau endocrinien (hormonal). Les chercheurs ont établi que certaines molécules produites par les cellules immunitaires peuvent moduler la réponse neuro-endocrinienne. Comme le montre avec talent Jean-Didier Vincent dans *La Biologie des passions*, des neuropeptides présents dans le cerveau jouent également un rôle dans la régulation du système immunitaire, hormonal ou digestif. Ces molécules sont associées à notre humeur, notre comportement, notre bien-être : plaisir, douleur, sexualité, peur, faim, soif, sommeil, appétit, anxiété, apprentissage. En reliant les trois réseaux, elles sont les intégrateurs du comportement. On comprend mieux désormais les effets redoutables du stress sur la déstabilisation de ces subtiles régulations.

Cette réflexion sur le stress et l'énoncé de quelques règles de base font ressortir le caractère multidimensionnel de notre être. Les émotions ne se situent pas seulement dans notre tête : tout notre corps en est la caisse de résonance.

LE SYSTÈME NERVEUX DE LA PLANÈTE
Les télécommunications en temps réel

LES RADIOS CELLULAIRES

Si vous n'avez jamais entendu parler des « radios cellulaires », ne vous inquiétez pas : vous n'êtes probablement pas un cas unique. Il ne s'agit aucunement d'un nouveau type d'appareillage médical, ni du dernier micro-organisme isolé par les biologistes, mais d'un système révolutionnaire de télécommunications interpersonnelles. Grâce aux radios cellulaires, n'importe qui pourra appeler un correspondant n'importe où dans le monde en utilisant un téléphone de poche, voire un téléphone-bracelet. Science-fiction ? Gadget passager ? Ou plutôt réalité technique aux multiples implications socio-économiques ? Développé il y a quinze ans par les laboratoires Bell aux États-Unis, il a d'abord été testé depuis 1978 par AT & T auprès de 2 000 abonnés de la région de Chicago. Le système est opérationnel sur une base commerciale, aujourd'hui, en Suède, en Norvège, en Finlande et au Danemark, sous le nom de Nordic Automatic Mobile Telephone System (NMT). Aux États-Unis, la Federal Communication Commission (FCC) a commencé le 1er juin 1982 à accorder des licences à plusieurs sociétés de services (dont Bell, MCI, Metromedia, Western Union...) pour l'exploitation du système dans trente grandes villes américaines.[1]

Pourquoi les radios cellulaires présentent-elles autant d'intérêt par rapport aux téléphones mobiles, radiotéléphones ou radios CB déjà utilisés par des amateurs, des professionnels ou des services publics et commerciaux (police, ambulances, pompiers, dépanneurs, taxis...) ? Les radiotéléphones classiques occasionnent un encombrement des ondes en raison du nombre limité de fréquences autorisées par les organismes gouvernementaux. De plus ces fréquences sont souvent mal utilisées, restant « inoccupées » quand un usager ne communique pas avec son correspondant. Le principe des radios cellulaires est simple : alors que les systèmes conventionnels nécessitent une station centrale puissante, elles mettent en œuvre un réseau de stations de faible puissance réparties au centre de « cellules » (d'où le nom) de deux à vingt kilomètres de diamètre découpant une ville ou l'ensemble d'un territoire. La

1. Depuis, le nombre d'abonnés ne cesse de croître aux États-Unis et en Grande-Bretagne.

puissance de l'émetteur-récepteur central étant limitée, des fréquences identiques peuvent être utilisées dans des cellules adjacentes. Un ordinateur associé à chaque station attribue des fréquences inutilisées à un usager se déplaçant de cellule en cellule. De même, l'ordinateur achemine un appel en recherchant automatiquement les fréquences libres dans chaque cellule concernée. Un nombre illimité d'appels peuvent ainsi être transmis simultanément. Un exemple : dans une grande ville, seulement une dizaine d'utilisateurs de radiotéléphones sur 1 000 abonnés peuvent communiquer simultanément. Un système de radios cellulaires permettrait 200 000 conversations simultanées !

Le développement des radios cellulaires, complémentaire de celui des téléphones sans fil et des « bip-bip », qui connaissent depuis cinq ans un succès considérable aux États-Unis et en Europe, pose déjà des problèmes économiques, sociaux et politiques dans les pays industrialisés. Les experts prévoient un taux de croissance analogue à celui des chemins de fer à la fin du XIXᵉ siècle, du téléphone au début de ce siècle et de la télévision dans les années 50. Le géant AT & T a déjà investi 200 millions de dollars dans le développement des radios cellulaires et prévoit 1 milliard supplémentaire à l'échéance 1986. Le marché des équipements devrait atteindre aux États-Unis 3 milliards de dollars en 1987 ; et en Europe, 2 milliards de dollars en 1990. Quant aux revenus des sociétés de services (location de matériel, facturation des communications), ils croîtraient à un taux de 32 % par an entre 1986 et 1990, passant au cours de cette période de 800 millions à 3,2 milliards de dollars.

De telles perspectives ont déclenché une formidable bataille industrielle à l'échelle internationale, conduisant, comme on pouvait s'y attendre, à plusieurs systèmes incompatibles entre eux. Les pays scandinaves et la Grande-Bretagne semblent les plus avancés en Europe. Le gouvernement britannique a accordé une licence d'exploitation à deux entreprises — Sectel (une joint venture de British Telecom et Securicor) et Racal-Millicom — afin de favoriser (en principe) la concurrence au bénéfice des utilisateurs. Le pays est divisé en centaines de cellules, cinq entreprises assurant le service à l'échelle nationale.

Mais déjà se pose le problème des standards. En effet, deux systèmes sont en compétition : l'AMPS (Automatic Mobile Phone System), développé par AT & T aux États-Unis, et MATS-E, développé par Philips et CIT-Alcatel. Or Racal est lié à Millicom, qui semble avoir réussi à imposer en Grande-Bretagne le standard américain, ce qui compromettrait les chances d'un véritable standard européen. Pourtant, le système MATS-E utilisant la bande de fréquence de 900 mégahertz a une capacité de communication plus importante. Le NMT scandinave, qui intéresse l'Espagne, l'Italie, la Hollande et la Belgique, est limité par son choix de la bande des 450 mégahertz. Il faudra peut-être aussi compter avec le système NTT japonais, actuellement à l'essai sur le terrain, et avec le NETZ-E, développé par Siemens en Allemagne fédérale.

L'enjeu des radios cellulaires est d'une grande importance pour la France : création d'emplois, possibilité de mettre au point et de commercialiser des appareils performants correspondant à une vocation et à une compétence reconnues dans le domaine des télécommunications. Le gouvernement français a lancé un programme de grande envergure pour le câblage du pays en fibres optiques et pour les satellites de télécommunications. Les radios cellulaires étant complémentaires de ces réseaux, des actions analogues devraient être rapidement engagées, car le découpage de la France en multiples cellules pose des problèmes tant techniques qu'administratifs. Les constructeurs de matériel radio et téléphonique se doivent également d'investir à temps pour être prêts face à leurs concurrents étrangers[1].

1. Matra a lancé en France le Radiocom 2000 en novembre 1985.

Certes, il faut se méfier des engouements passagers. La leçon de la CB doit être retenue : on escomptait, en Europe, plusieurs millions de postes, alors que quelques centaines de milliers seulement sont en service. Il faut aussi prendre en compte les retombées sociologiques et psychologiques de tels systèmes de communications. Les radios cellulaires vont-elles conduire à de nouvelles formes d'organisation de la société ? A une nouvelle forme de pollution par l'information ? A un accroissement de la tension nerveuse ? Aux États-Unis, en Grande-Bretagne, en Allemagne et en Suède, des débats s'engagent sur ces sujets. La presse s'en fait largement l'écho. Les industriels annoncent leurs prévisions, et les agences gouvernementales, leurs plans. Pourquoi ces questions ne sont-elles pas plus largement débattues dans notre pays ? La France ne s'intéresserait-elle pas aux retombées sociales des nouvelles technologies ? Face à un enjeu d'une telle ampleur, les Français se doivent d'être informés de la politique gouvernementale et industrielle nationale dans un domaine qui concernera sans doute leur vie quotidienne dans moins de dix ans.

LES ÉTOILES DE VERRE

Le grand départ est donné en France aux vidéocommunications par câbles et fibres optiques. Après Biarritz, qui mettra l'accent sur les communications interpersonnelles, Lille expérimentera les relations entre l'État et les collectivités locales, et Montpellier l'innovation sociale. Puis ce sera le tour de Dunkerque et sans doute de Paris. Dans le programme prévu par la DGT, 1,4 million de prises de raccordement seront commandées à l'industrie en trois ans. A un rythme de 1 million de prises par an, l'État dépensera annuellement près de 4 milliards pour équiper en trente ans la totalité du territoire. Le projet parisien, quant à lui, coûtera 2,1 milliards de francs.

Cet effort important va sans aucun doute stimuler les investissements et la production des entreprises françaises face à une compétition internationale très vive. Car la France est bien placée dans cette course. Son approche est originale et probablement plus économique à terme. En effet, un choix décisif a été fait entre la structure « en arbre » des réseaux et la structure « en étoile ». La première, mise en place notamment aux États-Unis, est axée principalement sur la télédistribution. La structure « en étoiles de lumière », choisie par la France et dans laquelle 200 à 300 abonnés seront reliés à des centres de distribution jouant un rôle de « nœud », offre d'extraordinaires possibilités de vidéocommunications entre usagers, notamment par l'intermédiaire du visiophone.

On nous promet une pléthore de services : à Biarritz, les utilisateurs disposeront de 15 canaux de télévision, de 12 pour la haute-fidélité, d'accès à des banques de données, à des services de vidéotex. Ils pourront « basculer » l'image de leur visiophone sur leur téléviseur, transmettre des cassettes vidéo, commander des produits sur catalogues et réaliser des télé-achats avec une carte de crédit. A Paris, les réseaux prévus par la mairie proposeront 60 canaux de télévision, 30 de radio, des liaisons télématiques, des jeux, des services de télécopie, des relations directes avec certaines administrations et banques. Dans les réseaux nationaux, d'autres services sont prévus, tels que programmes éducatifs, banques d'images, encyclopédies audiovisuelles, journaux à domicile, messageries électroniques, sans compter les nombreuses applications professionnelles.

Ces puissants moyens de communication ne risquent-ils pas de déboucher sur une nouvelle forme de pollution par l'information ? Sur des produits « gadgets » au sein d'une société qui ne sait malheureusement pas encore régler les problèmes du chômage, de la violence ou de la faim dans le monde ?

Les réseaux étoilés posent de passionnantes questions de fond sur l'organisation des villes de demain et, dans une certaine mesure, sur celle de la société elle-même. Des villes câblées, pour quoi faire ? Répondent-elles à un besoin réel exprimé par les utilisateurs potentiels ? Ou au contraire sont-elles le résultat d'une planification technocratique donnant la priorité aux infrastructures à partir de prévisions théoriques ? Comme semblent l'indiquer plusieurs sondages réalisés auprès d'utilisateurs potentiels, les motivations seraient moins nombreuses que les freins. D'où la surenchère : il faut « meubler » le nouvel espace disponible, stimuler la demande, produire des films, proposer des programmes éducatifs et culturels.

C'est le vieux problème de la poule et de l'œuf : les besoins créent-ils la nécessité des infrastructures, ou l'existence de ces dernières entraîne-t-elle inéluctablement l'expression de nouveaux besoins ? La réponse, en fait, se trouve dans l'expérimentation et l'apprentissage. La biologie nous apprend que la complexification du réseau de neurones de notre cerveau résulte du fonctionnement même de ces neurones au cours de la période critique d'apprentissage de la vie. Nous naissons avec un réseau « précâblé » minimal permettant de satisfaire les fonctions instinctives de base et surtout d'apprendre. Mais c'est ensuite le fonctionnement *global* du réseau et son interaction avec l'environnement qui semble accroître les capacités de connexion — et donc de complexification — de *chacun* des nœuds.

Le câble sera-t-il le capillaire amenant à chacun l'information, comme le pétrole à la pompe, nous laissant désemparés devant une formidable capacité de choix ? Ou bien le réseau sera-t-il créateur d'innovations sociales, de produits, de services, d'un tissu d'industries s'appuyant sur les nouveaux outils de stockage, de traitement et de diffusion de l'information : des banques de données aux vidéodisques, des micro-ordinateurs aux satellites ? Les étoiles de verre seront-elles le système nerveux d'une « société en temps réel », tissant des rapports nouveaux entre les personnes ? Certes, l'imprimerie a mis au chômage les moines qui recopiaient les textes manuscrits, mais elle a suscité de nombreuses innovations industrielles et sociales, depuis les industries du papier, des encres, des presses, des machines à relier, jusqu'à l'essor des bibliothèques ou des journaux et à l'avènement du copyright. Que dire de l'automobile, de la télévision ou du téléphone ? Aurait-on pu penser que des réseaux conçus pour la communication vocale permettraient le dialogue entre ordinateurs et l'avènement de la télématique ?

Les nouveaux réseaux câblés pourront servir de base non seulement à l'exercice de métiers actuels, mais aussi à la création de métiers nouveaux et à l'avènement de certaines formes de télétravail : représentants, consultants, comptables, sténodactylos, programmeurs, chercheurs, assureurs, avocats, architectes, professeurs de langues ou de musique, libraires, marchands de tableaux, peintres, écrivains, musiciens, qui pourront rapidement diffuser leurs œuvres à des groupes d'utilisateurs. Ces réseaux aideront au développement de produits servant de supports à ces activités : caméras de télévision, équipements graphiques ou d'édition par ordinateur, archives sur vidéodisques, programmes d'enseignement par correspondance, trousses, incluant cassettes vidéo et textes imprimés...

Le micro-ordinateur personnel sera peut-être pour la société de l'information l'équivalent de l'automobile pour la société de l'énergie. Les nouvelles autoroutes s'appelleront fibres optiques et satellites. Nous sommes les explorateurs des nouveaux espaces de communication. Il nous faut apprendre « de l'intérieur » à nous servir seuls de ces nouveaux réseaux nerveux collectifs, sans « parents » pour guider nos pas...

FESTIN D'IMAGES

Biarritz, mai 1984, Semaine internationale de l'image électronique : un laboratoire technique et sociologique en vraie grandeur, où s'invente la convivialité électronique de demain. Le grand public en retiendra probablement le dialogue historique par Visiophone entre le président de la République et son ministre des PTT. Mais Biarritz 1984 ce fut aussi un remarquable colloque de professionnels, organisé par le Cesta (Centre d'étude des systèmes et des technologies avancées), qui se révèle comme un des grands « think tanks » français. La production, la diffusion, les applications de l'image électronique furent le lien permanent — et sur des thèmes aussi divers que l'architecture, la publicité, la biologie, l'art, le cinéma, les jeux vidéo, la météo ou la cartographie — entre organismes serveurs, fabricants de matériel électronique, producteurs d'images de synthèse, organismes publics, scientifiques, élus locaux, usagers.

Il est intéressant de replacer ce colloque dans l'environnement de Biarritz, première ville au monde câblée en fibres optiques, offrant aux abonnés un réseau de vidéocommunications interactif multiservice. On peut ainsi tenter d'envisager les avantages et les inconvénients de tels réseaux pour l'avenir. Celui de Biarritz a été, on le sait, particulièrement coûteux. Les investissements s'élèveront à 600 millions de francs, lorsque les 1 500 abonnés prévus (1 200 particuliers et 300 professionnels) auront été connectés au réseau. La DGT estime que le coût de raccordement s'établira aux alentours de 30 000 francs par abonné (soit trois fois plus que pour le téléphone) et à 10 000 francs pour 160 000 prises, s'abaissant jusqu'à 5 600 francs si le rythme de 1 million de prises par an est atteint. Un tel coût est-il justifié ?

Le marché va-t-il prendre le relais de l'élan donné par les pouvoirs publics ? Peut-on créer « artificiellement » la demande, au prix de coûteux investissements ? Ne vaut-il pas mieux attendre que le marché se manifeste et s'amplifie ? Avec d'autres participants du colloque, j'ai pu tester en profondeur l'ensemble des services présents ou proposés dans un proche avenir : visiophone, vidéodisque

piloté par micro-ordinateur et écran tactile ;
superposition vidéotex et télévision ; production d'images de synthèse ; animation sur
ordinateur ; dialogue, depuis un studio de
télévision locale, avec des utilisateurs qui
appelaient en direct par leur visiophone et
dont l'image apparaissait à l'antenne.

Après ce fabuleux festin d'images, je suis
revenu de Biarritz saturé, émerveillé, étourdi,
passionné, étonné, parfois sceptique, mais
jamais lassé. Pour regrouper et traduire mes
impressions, je reprendrai volontiers quatre
des principales attitudes qui se mêlaient et
s'affrontaient au cours du colloque : celles du
pessimiste, de l'optimiste, du futuriste et du
réaliste.

Le pessimiste : Le système multiservice est
trop cher. Le coût du raccordement sera trop
élevé pour les collectivités locales malgré
l'apport de l'État (70 %). Le satellite à diffusion
directe va rendre démodée la technologie des
fibres optiques. On en est à défoncer des trottoirs alors qu'il suffira de placer une antenne
parabolique sur son toit. On va vers un
« Concorde de l'audiovisuel ». Il n'y a pas de
marchés pour ces services. Les utilisateurs
restent passifs : on constate un manque fla-
grant de créativité et d'imagination. Les usagers attendent des programmes tout faits,
mais qui tardent et coûteront cher. Les gens
seront de plus en plus enfermés dans leur

« bulle électronique », robotisés, déshumanisés...

L'optimiste : La vidéocommunication va rapprocher d'une manière encore insoupçonnée les habitants des villes. De nouveaux métiers vont se créer, une nouvelle forme d'artisanat électronique en direct va naître, du créateur-producteur au consommateur : expositions de tableaux ou de photos ; consultations diverses ; « boutiques » audiovisuelles ; petites annonces et marché de l'occasion ; spectacles d'amateurs ; télé-enseignements... Le réseau va stimuler l'industrie par ses multiples retombées : films, caméras, terminaux, systèmes de communication et d'édition électroniques, services professionnels, supports-papiers, compléments de l'image. Le réseau câble ne sera pas concurrent mais complémentaire du satellite. Avec le développement des services et la demande du public, les coûts de raccordement vont s'abaisser et la technique s'améliorer. Ainsi s'amorcera une réaction en chaîne qui s'amplifiera au cours des prochaines années.

Le futuriste : On va vers l'intégration des terminaux d'ordinateur, de visiophone et de télévision. De plus en plus perfectionnés et en couleurs, ils permettront de recevoir plusieurs appels à la fois ; d'acheter des produits à domicile grâce à la carte à mémoire ; de converser avec des abonnés étrangers ; de

choisir ses films sur programmes à la carte ;
de consulter des agences de voyages ; de visi-
ter des musées de l'image ; de suivre des
cours d'art dramatique, de dessin ou de
musique ; de participer à des téléconféren-
ces ; de voter sur différents sujets en instau-
rant une véritable « démocratie directe » ;
d'obtenir des documents à domicile par télécopie, et même un « journal sur mesure » ; de
regarder ses messages enregistrés sur vidéo-
répondeur. Tous ces services étant agrémen-
tés, bien entendu, des programmes de plusieurs chaînes de télévision étrangères, traduits automatiquement par ordinateur.

Le réaliste : Une expérimentation à
l'échelle d'une ville entière et un colloque de
cette nature constituent des outils concrets
pour construire l'avenir. Nous avons souvent
tendance, dans ce pays, à nous complaire
dans la préparation de grands projets théoriques sans confrontation avec la réalité pratique. Cette fois, au contraire, les vraies questions se posent au fur et à mesure de
l'expérimentation sociale et technique. Le colloque du Cesta a également fait la démonstration de la fiabilité et de l'originalité des
matériels français présentés, ainsi que de
leur possibilité de « déclinaison » en de nombreux produits complémentaires. Ces produits sont compétitifs, et donc exportables.
L'investissement de Biarritz représente la

mise de fonds donnant le droit de commencer la partie. On en tirera d'utiles leçons pour les prochaines expériences : Montpellier, La Courneuve, Nantes, Paris.

Quelle que soit l'attitude adoptée — la mienne se situe, après cette expérience, entre celles du réaliste et de l'optimiste —, une question demeure : comment se fait-il qu'en France nous soyons tellement en avance dans certains domaines (télématique grand public, visiophone, communications) et tellement en retard dans d'autres (composants, robotique, images de synthèse) ?

Notre avance serait-elle due à notre esprit cartésien, à notre excellent corps d'ingénieurs et de prospectivistes et au financement continu de l'État, qui permettent de planifier et de lancer des projets audacieux mettant en œuvre plusieurs filières ? Nos retards proviendraient-ils de notre difficulté à évaluer (à arrêter si nécessaire) et à mener à leur terme des projets techniques ? De notre manque d'intérêt pour les opérations de routine et d'optimisation liées à la commercialisation et à l'exportation de produits brillamment réussis et parvenus à maturité ?

Il faut espérer que le brassage salutaire des savoir-faire qui s'est réalisé à Biarritz redonnera confiance aux multiples acteurs impliqués dans ces grands projets. Le mouvement se démontre en marchant. Un système technologique et social complexe ne peut s'inventer et se tester que de l'intérieur. Il est crucial que les utilisateurs prennent désormais le relais des pouvoirs publics dans cette grande aventure culturelle. Le succès de la France câblée dépendra en définitive des capacités d'initiative et de création des utilisateurs de ces réseaux.

COMMUNICATIONS 2000

Au moment où fait rage le débat sur la télévision par câble ou par satellite, on peut vivre en plein Paris, à l'hôtel Méridien, une expérience particulièrement enrichissante. Cet hôtel met à la disposition de ses clients plusieurs programmes de télévision accessibles dans les chambres par une dizaine de canaux. Certains, comme TV5, programme francophone regroupant des émissions des télévisions française, belge et suisse, SKY TV (chaîne privée britannique) ou CNN (Cable News Network), sont transmis en direct par les satellites européens de télécommunications. D'autres par le réseau câblé interne de l'hôtel, comme le célèbre programme d'actualité de la chaîne américaine CBS, « 60 minutes », reçu chaque semaine sur vidéocassette. On peut également sélectionner des films en français ou en anglais, des informations boursières transmises en vidéotex par le réseau

Antiope. Certaines chambres peuvent être équipées, à la demande, d'un micro-ordinateur permettant par exemple la connexion à des bases de données par l'intermédiaire du réseau téléphonique.

Grâce à l'amabilité de la direction du Méridien, il m'a été possible de tester un échantillon des services « communications » d'un hôtel de l'an 2000. J'ai pu notamment regarder un programme de variétés de la télévision britannique ; une émission documentaire sur les biotechnologies présentée par CBS ; suivre, depuis la régie, un programme de la première chaîne de la télévision soviétique ; rechercher des informations sur des bases de données en France, en Angleterre et aux États-Unis pour préciser certaines informations contenues dans cet article, et le rédiger, grâce au micro-ordinateur mis à ma disposition. Un grand hôtel peut être considéré comme un « nœud d'informations » au sein d'un réseau planétaire. Des sondages effectués auprès des voyageurs en déplacement professionnel, qui constituent la majorité de la clientèle des grands hôtels internationaux, indiquent leur souhait de rester en contact avec leur bureau, leur famille, et de retrouver un environnement efficace et familier, dont font partie les programmes télévisés. Un marché de plusieurs milliards de dollars est prévu pour des terminaux et des micro-ordinateurs spécialement conçus pour les services de communication « personnalisés » proposés aux clients des grands hôtels : connexion à l'ordinateur de l'entreprise ; envoi et réception de messages par la messagerie électronique ; réservations de places d'avion ou d'hôtel ; achat de produits et livraison à domicile ; interrogation de bases de données, etc. Des études récemment réalisées aux États-Unis — à partir de 2 100 chambres de 23 hôtels répartis sur le territoire américain et sur une période de six mois — par des sociétés spécialisées dans l'informatique hôtelière indiquent que 15 % des clients utilisent de tels services lorsqu'ils sont mis à leur disposition.

L'intéressante expérience du Méridien fait réfléchir, non seulement sur l'accès télématique à l'information internationale, mais surtout à la réalité d'une télévision européenne au cours des cinq prochaines années. L'encerclement progressif de la Terre par les ondes semble irréversible. Et pourtant, nous prenons du retard dans le lancement de nos satellites lourds de diffusion directe, empêtrés, comme l'indiquent les divergences entre la DGT, le secrétariat d'État aux Techniques de la communication et TDF, dans des choix politiques sur des systèmes coûteux et potentiellement concurrents : 30 milliards pour un satellite lourd ; 50 milliards sur quinze ans pour le câblage de la France en fibres optiques.

Ces choix sont encore compliqués par les nombreuses voies alternatives ou complémentaires possibles : relais au sol des satellites par les réseaux câblés ; « voie hertzienne » pour des télévisions « libres » et régionales ; utilisation de micro-ordinateurs pour orienter les antennes paraboliques afin de leur permettre de recevoir plusieurs satellites et même de « suivre » les satellites à défilement que certains pays européens se proposent de lancer. Lorsqu'il sera possible, en appuyant sur le bouton de la chaîne de son choix, de positionner automatiquement son antenne sur le satellite correspondant, comment les pays parviendront-ils à protéger leurs frontières contre cette invasion d'informations venues de l'espace ? Aujourd'hui, les codeurs assurent encore une mince barrière, mais qu'en sera-t-il demain avec les puissants satellites à diffusion directe ? Pour capter leurs émissions, la société Sinclair, en Angleterre, promet des téléviseurs grand public équipés de petites antennes paraboliques et des systèmes de conversions, à moins de 5 000 francs. Quant aux Japonais, ils se préparent à envahir prochainement l'Europe : la société Toshiba a déjà annoncé un système complet, comprenant téléviseur, convertisseur et antenne parabolique orientable de 75 cm, à des prix comparables à ceux de Sinclair.

En France, les constructeurs hésitent. Avant de préciser leurs études de marché et de proposer leurs produits, ils attendent les dates de lancement — toujours retardées — des satellites lourds à diffusion directe et les réglementations officielles. Ils accumulent les retards tandis que certains de leurs concurrents ont déjà pris des paris. Car il y a tous ceux « qui y croient », comme au Méridien. Tous ceux qui estiment aussi que les satellites à diffusion directe — dans un délai plus réduit que le câble — sont inéluctables. Alors ils se préparent, tentent des expériences, lancent des revues, des programmes, des matériels performants. Le dynamisme des Anglais, clairement exprimé par la nouvelle revue *Cable and Satellite Europe*, est à cet égard très convaincant. Il favorise l'esprit d'entreprise et la compétitivité internationale.

Concurrence industrielle acharnée, libéralisme sauvage, centralisation, jacobinisme, protectionnisme... Nous voici à nouveau confrontés aux attitudes et aux politiques qui président au lancement de toute grande activité de la société. Placés devant le choix du câble (analogue aux transports en commun) et celui de l'antenne (analogue à la voiture individuelle), que vont décider les Français ?

Notre pays doit-il prendre le parti de la diversité et de la concurrence des ondes ?

Et l'utilisateur futur, est-il consulté ? Est-il même bien informé ? Quelle part lui est réservée dans ce débat ? Dans un pays à monopoles comme le nôtre (transports, énergie, communications), on prend l'habitude de laisser les experts choisir et les technocrates décider. Les Français ont droit à un grand débat national et à une information en profondeur sur les systèmes de communication de l'avenir. Faute de quoi, nous serons pris de court, condamnés à nous résigner devant l'intelligence (et le prix) du dernier système japonais permettant de capter l'Europe entière et de recevoir, depuis l'Autriche et la Suisse alémanique, des programmes sous-titrés en français...

LES VIDÉONATIONS

La bataille pour les images se livre dans le ciel et sur la terre : satellite, câble, vidéo, chaînes de télévision, cinéma... Quelle technique sortira victorieuse de cette guerre industrielle, commerciale, politique et culturelle dont dépend en partie le succès ou l'échec de la révolution des communications qui touche tous les consommateurs ? Ce vertige du choix est-il l'expression d'une plus grande liberté individuelle, ou traduit-il l'introduction insidieuse d'une autre forme de pollution : la pollution par l'information ?

Alors que les chaînes à péage et les nouvelles chaînes de télévision se fraient difficilement un chemin dans la jungle des médias, certains pays connaissent une situation qualifiée d'euphorique dans le domaine des satellites et de la vidéo. Aux États-Unis et en Europe, les antennes paraboliques commencent à fleurir sur les toits et dans les jardins.

On compte aujourd'hui, aux États-Unis, 1,5 million de foyers équipés d'antennes pour satellites capables de recevoir 80 chaînes. En Grande-Bretagne, où le marché se développe rapidement, des constructeurs proposent déjà des systèmes complets de réception à antennes orientables — pouvant capter les émissions de plusieurs satellites — pour 15 000 à 18 000 francs (Sat-Tel, Megasat ou Master Antenna Systems). La France, où l'on peut actuellement recevoir une quinzaine de chaînes, a accumulé un certain retard en raison du maquis des réglementations ou des mésaventures de TDF1, satellite à diffusion directe, qui ont ralenti la mise sur le marché des antennes destinées aux particuliers. Les émissions relayées par les satellites de télécommunication, que l'on ne croyait pas assez puissants, peuvent être facilement captées par des antennes de dimensions raisonnables (1,20 mètre). En prévision de ce nouveau marché, des constructeurs comme Portenseigne ou Cosmovision se préparent.

Malgré cet engouement, on peut se demander si le satellite et le câble seront les grands vainqueurs de la guerre des images électroniques. Les hypothèses de croissance faites par les producteurs de programmes destinés à de tels réseaux pourraient se révéler trop optimistes. Le public semble en effet, préférer à l'« arrosage » des satellites ou des réseaux câblés les programmes « sur mesure » de la vidéo, certes plus coûteux mais placés sous son contrôle direct. Le spectaculaire développement international de ce secteur est en train de le démontrer. Déjà bien implantée en Europe, la vidéo explose littéralement aux États-Unis. Un million de magnétoscopes sont actuellement vendus par mois (contre 30 000 en France), et la progression du marché (15 % par an en moyenne) a été de 55 % par rapport à 1984. Le parc est évalué à 16,4 millions ; 30 % des foyers étaient équipés au début de 1986, 56 % le seront en 1990. Le nombre des vidéo-shops atteint 22 000, autant que celui des salles de cinéma. En Grande-Bretagne, il existe 6,7 millions de magnétoscopes, 4,9 millions en Allemagne fédérale et 2,2 millions en France. Le parc mondial est évalué à 66 millions d'appareils, avec des chiffres surprenants, comme celui de la Turquie : 2,2 millions. La percée de la vidéo n'est plus l'apanage des pays développés.

A côté du marché des films commence à se développer celui des *how-to* vidéos (cuisine, sports, peinture, bricolage, micro-informatique), de la formation professionnelle et de la « vidéomusique ». La publicité est sérieusement envisagée sur ces cassettes, nouveau support évalué par les agences. Déjà, les revenus résultant des droits sur les films en cassettes dépassent ceux produits à partir des salles de cinéma (21 % des revenus mondiaux des films viennent de la vidéo : 30 % aux États-Unis, contre seulement 6 % pour le câble), à tel point que des firmes hollywoodiennes envisagent de sortir leurs films d'exclusivité en vidéo avant même de les sortir en salle. Il est clair qu'un tel développement concurrence sérieusement le cinéma. On connaît l'ampleur de la crise : en France, la baisse de fréquentation des salles a atteint 11 % en 1984 ; 36 films ont été produits au cours du premier trimestre 1985, contre 53 pour la même période de 1984 ; en 1985, les revenus des salles ont été les plus bas enregistrés depuis dix ans. En Grande-Bretagne, où la situation est également critique, des plans nationaux, conduisant à taxer les films passant à la télévision, sont à l'étude.

Au moment où la France se lance (tardivement) dans des « plans câble » sans précédent, les *cable operators* anglais et américains commencent à subir durement la concurrence de la vidéo et du « piratage » des émissions envoyées par satellites et retransmises dans les réseaux câblés payants. En Angleterre, le principal *cable operator*, Robert Maxwell, propriétaire du British Cable Service, vient d'abandonner 24 des 40 villes qu'il contrôlait. Aux États-Unis, les émissions destinées aux réseaux câblés et relayées par satellites sont cryptées depuis le 15 janvier

1986 (la National Cable Television Association ayant estimé à 800 millions de dollars par an la perte résultant du « vol de signal »), ce qui a conduit à une nouvelle bataille juridique menée par les propriétaires d'antennes sur le thème : « Qui est propriétaire du ciel ? »

Mais qu'en sera-t-il lorsque les utilisateurs pourront visionner leurs films ou émissions préférés sur des télévidéothèques, grâce à la téléconsultation de vidéodisques depuis leur domicile, puis se faire envoyer par câble le programme sélectionné et payé par abonnement ou carte à mémoire ? Il ne sera même plus nécessaire de se rendre dans un vidéo-shop. L'attrait de la vidéo deviendra irrésistible. D'autant plus que la caméra légère au standard Vidéo-8 se répand, permettant de passer ses propres images sur le téléviseur familial. Le micro-ordinateur à domicile facilitera le classement et la sélection de ces images, aidant même à créer des titres, des animations superposées à la bande vidéo, des sons de synthèse, des montages simples.

Certes, pour le temps réel et la diffusion de masse, le satellite restera le moyen de prédilection. Mais le public demandera toujours plus de personnalisation. Il apparaît donc probable que la vidéo s'affirme comme un concurrent redoutable du câble et du satellite dans la compétition pour le temps de loisir disponible. Une des retombées possibles de cette concurrence se traduira sans doute par un bouleversement dans les modes de production et de distribution de produits électroniques « artisanaux » : du producteur au consommateur, comme le proclament les commerçants de nos marchés à ciel ouvert.

Allons-nous connaître une nouvelle ère d'artisans et de marchands d'images, de textes et de sons électroniques, avec en prime la livraison à domicile par ondes ou câbles interposés ? On peut aujourd'hui produire une lettre d'information ou un livre à domicile : depuis la saisie du texte et des illustrations jusqu'à la mise en pages et l'impression à distance, sans passer par le support papier. A quand les films sur cassettes, les vidéoclips amateurs, commercialisés par l'intermédiaire de quelques « vidéo-Minitel » et payés par carte à mémoire ? A quand les expositions de peintres ou les concerts de musiciens électroniciens ? Comment vont réagir les éditeurs, maquettistes, réalisateurs de films, distributeurs divers ?

On le voit, au-delà de la joute commerciale qui se livre en surface ou sur les orbites des satellites, se déroule en profondeur une bataille aux implications encore plus profondes : l'avènement, grâce à la société en réseaux, de nouvelles formes d'expression et de consommation. La petite cassette vidéo et le vidéodisque compact, supports de créations originales, ont de beaux jours devant eux.

DE L'ÉNERGIE A L'INFORMATION
La nouvelle révolution industrielle

TAYLOR, C'EST FINI...

« Nous allons gagner et l'Occident industriel va perdre : vous n'y pouvez plus grand-chose, parce que c'est en vous-mêmes que vous portez votre défaite. Vos organisations sont tayloriennes. Nous, nous sommes post-tayloriens. » Ainsi s'exprimait en 1979, dans les pages du *Wall Street Journal*, Konosuke Matsushita, 84 ans, président de Matsushita Electric Industrial Co. Sept ans après, au cœur du débat sur la crise, le redéploiement industriel et les nouvelles relations au travail, ces phrases cinglantes appellent à la réflexion.

Le modèle taylorien se fonde sur la division du travail, la répartition des tâches et la spécialisation de chacun. De ce modèle découle l'organisation de l'entreprise classique : le sommet pense, planifie, gère ; la base exécute. « Pour vous, le management, c'est l'art de faire passer convenablement les idées des patrons dans les mains des manœuvres. Pour nous, c'est l'art de mobiliser l'intelligence de tous au service du projet de l'entreprise. » C'est donc à un véritable renversement des valeurs que nous invite le président Matsushita. A un changement profond de nos mentalités.

Sur le terrain de nos entreprises, une nouvelle génération est en train de démontrer que de tels changements peuvent avoir un profond impact sur les styles de vie et les relations au travail. Le modèle traditionnel fondé sur la hiérarchie, l'autorité, la discipline, le contrôle minutieux des activités se double peu à peu de structures mieux adaptées aux nécessités d'une action efficace, fondée sur la complémentarité des compétences, l'évaluation collective des résultats, l'autocontrôle. Équipes projets, groupes d'étude, comités « ad hoc », ingénieurs d'affaires, chefs de produit constituent des réseaux de communication « horizontaux » qui s'enchevêtrent au sein de l'organigramme classique et entrent souvent en conflit avec les départements traditionnels, leurs budgets « verticalisés » et l'exercice « territorial » de leurs pouvoirs.

L'informatisation d'une entreprise révèle les types de conflits qui peuvent naître entre une organisation « pyramidale » taylorienne et une organisation « en réseaux ». La macro-informatique nécessite des investissements importants. Elle impose souvent aux départements des contraintes qui traduisent une certaine forme d'exercice du pouvoir : langage spécialisé, obligation d'utiliser un type défini de terminaux, suspicion envers toute solution locale, considérée comme « anarchique » et susceptible de grever le budget général, etc. A l'inverse, la prolifération des micro-ordinateurs personnels, nécessitant des investissements limités, responsabilise les utilisateurs, permet des interconnexions dans des réseaux locaux, l'expérimentation et l'apprentissage par essais et erreurs. Mais ses inconvénients résultent de la duplication des efforts ou de l'incompatibilité des matériels.

Cet exemple peut être étendu à l'ensemble de l'entreprise. Entre le pouvoir centraliseur et l'« anarchie » de la prolifération décentralisée se situent des formes d'organisations responsabilisantes fondées sur l'apport et la participation de chacun. Dans une structure bien comprise et acceptée, l'investissement personnel peut être amplifié et valorisé. « Vos "patrons sociaux", souvent gens de bonne volonté, croient qu'il faut défendre l'homme dans l'entreprise, dit encore le président Matsushita. Réalistes, nous pensons à l'inverse qu'il faut faire défendre l'entreprise par les hommes et que celle-ci leur rendra au centuple ce qu'ils lui auront donné. Ce faisant, nous finissons par être plus "sociaux" que vous. » L'efficacité des nouveaux responsables ne devra plus seulement reposer sur leurs compétences techniques, financières ou commerciales, mais aussi sur leurs qualités d'ouverture et de vision prospective, leur aptitude à communiquer. Telles sont les conditions du « management de l'intelligence ». Or les systèmes de contrôle et d'évaluation propres au modèle taylorien perdent leur efficacité face aux réseaux internes d'information, de communication et d'action. Contrôler les temps de présence ? Juger une somme d'activités fébriles ? Il ne s'agit souvent que de « signes extérieurs du travail ». Comment mesurer les résultats d'une personne jouant un rôle de « catalyseur », à l'action omniprésente et pourtant invisible, génératrice de contacts, favorisant la rencontre des idées, des compétences et des expériences ? La qualité du travail, la densité et la richesse des relations avec les autres sont-elles des facteurs mesurables ? Certainement pas dans le cadre traditionnel. C'est pourquoi la relation entre emploi, contrat de travail, durée du travail et salaire, sur laquelle se fondent les équations tayloriennes, est peu à peu remise en question. Les nouvelles valeurs ébranlent l'équilibre du système. On accepte et l'on recherche même des formes de travail productrices d'autres avantages que financiers : temps partiel, partagé, choisi ; employeurs

multiples, intérêt des tâches, degré d'indépendance et de responsabilité, qualité des
relations professionnelles, possibilités de formation, d'expression, de création collective...

Pour passer de l'entreprise taylorienne à
l'entreprise en réseaux, irriguée et vivifiée
par l'intelligence de tous, bien du chemin
reste à faire. Il ne suffit pas de transposer les
recettes japonaises. Il faut surtout comprendre et enseigner l'entreprise comme un tout
intégré. Comme un système économique, certes, mais surtout comme un système social
fait d'un tissu de relations humaines. Comme
un objet culturel, en somme. On apprend aux
jeunes les métiers qu'ils pourront exercer
dans l'entreprise. Mais on ne leur apprend
pas l'entreprise. Avec ses interdépendances,
ses conflits, ses rapports de forces, ses jeux
internes de pouvoir, ses circuits d'influence
ou de concurrence. Accepter de céder une part
de ce savoir-faire, fondé sur l'expérience et
détenu par les plus anciens (accepter donc de
céder une partie de ses pouvoirs), est une des
conditions de la détaylorisation et une des
clés du succès des entreprises de demain.

LES PÉPINIÈRES D'ENTREPRISES

Beaucoup rêvent de créer une entreprise. Bien peu y parviennent. Moins encore connaissent la réussite. Plus que jamais, cependant, la création d'entreprises nouvelles constitue l'un des facteurs prépondérants de la croissance économique et du développement industriel et social.

Mais qu'est-ce qui « catalyse » la création d'une entreprise ? De nombreux facteurs interdépendants sont nécessaires pour qu'elle puisse naître, croître, mûrir et parvenir à l'âge adulte : idées, originalité, savoir-faire, avance technologique, compétence et motivation des entrepreneurs, financement à risque (venture capital), existence d'un marché, qualité de la recherche-développement, qualité des produits, compétitivité des prix, financement bancaire... Certes, les financements de départ, publics ou privés, sont essentiels, mais ils ne suffisent pas. Il faut

aussi un environnement propice à l'« incubation » de l'entreprise : organisation mini-
male, réseau de contacts universitaires et
financiers, accès à des sources d'information,
stimulation intellectuelle et industrielle par
la concurrence, possibilités de « sortie » sur
le marché boursier ou par vente à une grande
entreprise désireuse de se diversifier.

La convergence de certains de ces facteurs
en un même lieu a souvent un effet catalytique déterminant. Ainsi en a-t-il été de la
célèbre Route 128 dans la région de Boston,
autour de laquelle sont nées, dans le courant
des années 50 et 60, de nombreuses entreprises d'optique ou d'électronique. Plus récemment, la Silicon Valley, près de San Francisco, bénéficiant de la présence d'u-
niversités orientées vers les recherches de
pointe et de sociétés de venture capital, a vu
l'essor d'entreprises de micro-informatique et
de biotechnologie.

Trois exemples, empruntés aux États-Unis
et à la Grande-Bretagne, illustrent l'importance de structures catalytiques pour favoriser la création et le développement d'entreprises.

Certaines entreprises de micro-informatique créées par des étudiants californiens
valent aujourd'hui plusieurs millions de dollars. Devant tant d'initiatives et d'idées, un
entrepreneur de talent, devenu milliardaire,

s'est penché sur les ingrédients qui permettent avec succès le lancement et la croissance d'une nouvelle entreprise. Il a ainsi inventé le concept de « pépinières d'entreprises ». Il s'agit de Nolan Bushnel, créateur d'Atari, et depuis deux ans président du Catalyst Group. Cette organisation unique en son genre est, selon son auteur, une véritable « machine à fabriquer des entreprises en série ».

Partant du principe que, dans le lancement d'une entreprise, la « logistique » et l'environnement jouent un rôle au moins aussi important que le financement de départ, le Catalyst Group propose, en plus du venture capital, des locaux, des équipements de bureau, de télécommunication et d'informatique, une assistance financière et de marketing, des secrétaires intérimaires. En échange de ces services, le Catalyst Group retient 50 % des parts de la société. Actuellement, quinze entreprises nouvelles sont en incubation dans les bureaux du Catalyst Group. Quelques autres connaissent déjà le succès. C'est le cas d'une entreprise fabriquant des robots domestiques, et dont les actions viennent d'être cotées en Bourse.

Qui dit pépinières dit engrais. Ce rôle essentiel est dévolu à des structures nouvelles de financement de la recherche-développement, qui connaissent depuis deux ans un succès croissant outre-Atlantique. Il s'agit des R & D Partnerships, appelées encore Limited Partnerships. Inventées par Leslie Misrock, avocat new-yorkais de la firme Pennie and Edmonds, elles permettent de réunir des apporteurs de fonds (banques, fondations, particuliers), des centres de recherche et des industriels, dans un montage juridique présentant pour les « partners » de grands avantages fiscaux : les sommes investies en recherche-développement sont déductibles, ainsi que les redevances provenant de l'exploitation des éventuels brevets. Des études sont en cours pour adapter de telles structures à la législation européenne.

Très différentes sont celles adoptées en Grande-Bretagne dans le cadre des Information Technology Centers. Il s'agit de centres financés par la Manpower Service Commission avec la participation de la région et d'industriels locaux. Le premier a été créé en 1980 à Notting Dale, près de Londres. En quelques années, ce centre a construit un important réseau d'informations et d'échanges pour la recherche et le développement de produits nouveaux, ainsi que pour la formation et l'accès de la communauté locale à ses travaux. Déjà cinquante centres fonctionnent dans le pays ; 70 % des jeunes qui participent à leur développement sont engagés dans une activité de caractère commercial. Le succès de certains « IT » est tel que leurs bénéfices commerciaux peuvent être réinvestis dans l'extension du système. Cent nouveaux centres seront encore ouverts à la fin de cette année.

Mais la catalyse des innovations, le lancement d'entreprises, l'aide à l'inventeur forment un tout où les éléments qui interviennent sont intimement liés aux transferts entre l'université et l'industrie, ainsi qu'à leurs capacités de prédéveloppement. Peu à peu des structures adaptées se mettent en place dans notre pays.

En France, en effet, où l'échec industriel est plus pénalisant que dans les pays anglosaxons, il existe de nombreuses barrières à la création d'entreprises. Les efforts réalisés depuis une dizaine d'années pour améliorer cette situation préoccupante ont été intensifiés. Il y a désormais des relais entre les financements de la recherche, du prédéveloppement, du développement et de la croissance de l'entreprise. On connaît les efforts — couronnés de succès en bien des domaines — entrepris par l'Anvar ou par les différents services du ministère de l'Industrie et de la Recherche dans le financement de l'innovation. Mais le « parcours du combattant » du créateur d'entreprise restait encore dissuasif, tandis que l'inventeur était souvent rebuté par le coût et la complexité des procédures de prise de brevet. Pour promouvoir l'innovation et faciliter la création d'entreprises, le ministère de l'Industrie et de la Recherche a créé, notamment en province, des centres d'information, où inventeurs et entrepreneurs trouveront regroupées les données techniques, juridiques, financières ou administratives nécessaires au dépôt d'un brevet ou à la création d'une entreprise. Peut-être verrons-nous bientôt éclore dans notre pays des pépinières d'entreprises ?

RECETTES POUR MANAGER

En ces temps de crise, un mot revient souvent au premier plan de l'actualité, celui de « productivité » : productivité des entreprises, des ouvriers, des manageurs, des fonctionnaires, des chercheurs. Pour certains, les limites de la productivité sont atteintes : on en arrive à la loi des rendements décroissants ; il suffit de regarder les courbes de croissance économique des pays développés. Pour d'autres, on peut encore l'améliorer ; les Japonais nous montrent la voie, faisons donc confiance à la « productique »...

Mais est-il réellement possible d'améliorer la productivité des « cols blancs » ? Comment mesurer son accroissement ? Peut-on parler du « rendement » d'un bureau ? Des tentatives de réponse à de telles questions, accompagnées de conseils aux manageurs, fleurissent périodiquement dans des articles et livres consacrés à la gestion des entreprises.

Evidemment, il n'existe aucune règle valable pour tous et dans tous les cas de figure ; seulement des conseils ponctuels (des « tips »), tantôt naïfs, tantôt pertinents, souvent ironiques, rarement ennuyeux, résultant des observations, des expériences ou du simple bon sens de chercheurs ou de gestionnaires. On les note parfois, bien décidé à les appliquer dans sa vie quotidienne. Puis on les oublie. Car chacun a son caractère, son style de vie, son environnement spécifique, ses bonnes ou mauvaises habitudes.

J'ai tenté de rassembler quelques-uns de ces « management tips », collectés à plusieurs sources, auxquels j'ai ajouté les miens. Ils concernent votre organisation personnelle ainsi que vos relations avec vos collaborateurs et avec les organismes auxquels vous appartenez.

— Il y a quatre types d'activités. Les activités « A » sont celles que vous devriez entreprendre en premier : elles sont urgentes et importantes ; les « B » sont importantes mais pas urgentes ; les « C », urgentes mais pas importantes ; les « D », ni urgentes ni importantes. Les études montrent que la majorité des responsables commencent par les « D » parce qu'elles leur semblent plus faciles. Par ailleurs, si vous négligez les questions importantes au profit des questions urgentes, les priorités à long terme seront laissées de côté, ce qui, sous peu, occasionnera des crises.

— Si vous ne faites pas de planning (faute de temps), vous risquez de perdre par la suite un temps précieux qu'un bon planning aurait permis d'économiser. N'oubliez pas que les personnes sans but sont utilisées par celles qui en ont un.

— Vous devez gérer votre temps comme une ressource rare, tantôt en l'économisant, tantôt en apprenant à le dépenser avec parcimonie (à le perdre, en apparence), pour mieux l'investir dans les actions à venir. Comme tout le monde, vous « n'avez pas le temps » d'entreprendre de nouvelles activités. Mais vous pouvez choisir vos priorités et hiérarchiser en conséquence les différents temps de votre vie professionnelle et personnelle.

— Ne réagissez pas « à chaud » aux crises : vous risquez d'amplifier leurs effets et de mobiliser votre temps, votre énergie et celle de vos collaborateurs pour résoudre des problèmes que vous avez créés.

— Les documents de votre dossier « Instances » ne doivent pas être manipulés plus de trois fois. Passé ce délai, trois actions s'imposent devant un document : jetez-le, classez-le ou annotez-le pour transmettre une information ou une instruction.

— N'encombrez pas votre bureau de dossiers dans l'espoir de ne pas les oublier. Non seulement vous risquez d'en égarer le contenu,

mais, de plus, chaque fois que vous les aper-
cevez, ils détournent votre attention des
tâches que vous devriez accomplir.

— Devant toute tâche, commencez « petit »
en sélectionnant une action ou un projet qui
vous assure un aboutissement dans un délai
raisonnable. Accroissez ensuite progressivement la difficulté et la complication. On n'al-
lume pas un feu avec de grosses bûches, mais
avec du petit bois. Personne n'est mieux placé
que vous-même pour trouver les moyens de
vous motiver.

— Dans l'organisation de votre travail, n'oubliez pas les « lois » sociologiques suivantes :

Loi de Parkinson : le travail « se dilate »
jusqu'à remplir la durée disponible pour son
accomplissement.

Loi de Douglass : dossiers et documents
s'entassent jusqu'à remplir l'espace disponible pour leur rangement.

Loi de Pareto : 80 % de la valeur vient de
20 % des articles et 20 % de la valeur de 80 %
des articles (pensez-y en considérant, par
exemple, le nombre de dossiers dans votre
bureau ou les documents que vous souhaitez
conserver).

Lois de Murphy : rien n'est aussi simple
qu'il y paraît ; chaque chose prend plus de
temps qu'on ne le croit ; ce qui a la possibilité
de se détraquer se détraquera.

Méditez la phrase de Winston Churchill :

« Passé un certain délai, un problème dont on ne s'est pas occupé est un problème à moitié résolu. »

— Ne vous laissez pas démoraliser par l'« effet Zeigarnik », en vertu duquel on se rappelle beaucoup mieux les tâches interrompues ou non accomplies que celles menées à bien. Le souvenir des projets que vous ne trouvez plus le temps de terminer vous poursuit beaucoup plus que celui des projets réalisés et vous culpabilise.

— Les études statistiques montrent que 40 % de ce qui vous inquiète ne se produira jamais, 30 % s'est déjà produit, 12 % concerne votre santé, 10 % représente des soucis divers et dont les effets s'annulent souvent, 8 % seulement est réellement légitime et mérite votre attention.

— Passez toujours les solutions vers le haut de la hiérarchie, les problèmes vers le bas.

— Évitez les ordres du jour de conseils ou de comités rédigés sous forme de listes, car ils mettent sur le même plan des problèmes de niveaux différents et favorisent l'effet Parkinson (voir plus haut).

— En attendant les retardataires avant de commencer une réunion, vous récompensez ceux-ci et pénalisez les personnes ponctuelles. La prochaine fois, ceux qui étaient à l'heure seront en retard, et ceux qui étaient déjà en retard le seront encore plus.

— Déléguez, mais contrôlez. Si vous déléguez des responsabilités, vérifiez fréquemment où en sont vos collaborateurs. Le pire
pour votre crédibilité : une « action urgente »
que vos collaborateurs auront, sur votre
demande, accomplie dans les délais... et que
vous aurez « oublié » de suivre.

— Fixez des échéances réalistes. En pressant
vos collaborateurs pour qu'ils accomplissent
une tâche dans des délais insuffisants, vous
favorisez les tensions génératrices d'erreurs
qu'il faudra corriger, ce qui prendra plus de
temps que si les délais donnés au départ
avaient été réalistes.

— Ne valorisez pas les « signes extérieurs du
travail » en confondant activité et résultats,
fébrilité et réalisations, efficacité (produire
l'effet attendu) et efficience (obtenir de bons
résultats). Vos collaborateurs risquent de perdre de vue les objectifs importants pour simplement « paraître occupés ».

— Complimentez ou critiquez non pas vos
collaborateurs mais leurs actions, en souli-
gnant les effets de celles-ci sur l'organisation.

— Les organisations sécrètent leur propre
finalité, vers laquelle elles tendent obstiné-
ment, malgré les efforts de ceux qui les com-
posent pour les orienter vers d'autres buts.

— Les organisations fabriquent des « boucs
émissaires » pour retrouver temporairement
leur apparente harmonie.

— L'unanimité d'une organisation se réalisera plus fréquemment sur la preuve d'une erreur ou d'un échec individuel que sur l'évidence d'une vérité ou d'un succès.

LES EUROPTIMISTES

Au lendemain des élections européennes, tandis que les politologues passaient au peigne fin les résultats des scrutins, les Européens se préparaient à affronter, comme si rien n'avait changé, les multiples barrières institutionnelles, administratives, culturelles ou techniques qui entretiennent leurs divisions : difficultés et retards pour les industriels en raison d'un marché fragmenté ; coût élevé des transports et de la main-d'œuvre ; absence de standards dans les télécommunications, de normes pour la sécurité, d'équivalence des diplômes, de tarifs communs pour la poste, le téléphone, les transports publics ; absence de passeports et de permis de conduire européens ; et, en prime, menaces de bouchons sur les routes des vacances en raison d'une grève des douaniers italiens... Le résultat global de ces freins, réglementations diverses et autres entraves aux échanges se traduit, on le sait, par une baisse de la compétitivité de l'industrie européenne face à ses principaux concurrents, les États-Unis et le Japon.

De nombreux observateurs et responsables économiques et politiques ont analysé les cercles vicieux dans lesquels s'enferme et se débat la vieille Europe. Leurs travaux se sont traduits par plusieurs livres, dont celui, particulièrement remarqué, de Michel Albert, *Un pari pour l'Europe*. Mais une des initiatives les plus spectaculaires a sans doute été la création, en avril 1983, d'une « table ronde » d'industriels européens. Ni groupe de pression ni lobby, mais « groupe d'initiative européenne », comme elle se qualifie elle-même, cette table ronde est composée de grands industriels « impatients », lassés des tergiversations des politiciens professionnels. Leur groupe est présidé par Pehr Gyllenhammar (Volvo), tandis qu'Umberto Agnelli (Fiat) et Wisse Dekker (Philips) en sont les vice-présidents. Les membres s'appellent Carlo De Benedetti (Olivetti), Kenneth Durham (Unilever), Roger Fauroux (Saint-Gobain), Olivier Lecerf (Lafarge-Coppée), Ian MacGregor (National Coal Board), Helmut Maucher (Nestlé), Curt Nicolin (Asea), Louis von Planta (Ciba-Geigy), Antoine Riboud (BSN), Wolfgang Seelig (Siemens), Dieter Spethmann (Thyssen), Hans Merkle (Bosch). Conscients du manque de compétitivité de l'Europe, les membres de cette table ronde constatent que, sans la dimension européenne, leurs industries ne résisteront pas aux assauts des États-Unis et du Japon. Même si le PIB de l'Europe (3 100 milliards de dollars) est équivalent à celui des États-Unis (3 000 milliards de dollars), le PIB par habitant n'est que la moitié (7 200 dollars) de celui des États-Unis (13 900 dollars) et reste inférieur à celui du Japon (9 600 dollars). Les principaux objectifs du groupe sont donc de contribuer à la renaissance industrielle de l'Europe en développant l'esprit d'entreprise. Les premiers programmes du groupe portaient sur une amélioration des transports européens par le lancement de grands travaux. Ils annoncent en 1985 de nouveaux projets :

— Euroventures, un fonds de venture capital, opérationnel depuis le 1er janvier 1985 et doté de 30 millions de dollars par ses fondateurs. Euroventures investira à son tour dans cinq fonds représentant chacun 100 millions de dollars en faisant appel à d'autres investisseurs.

— The European Institute of Technology, un institut technologique européen s'inspirant du Massachusetts Institute of Technology, le célèbre MIT, qui vit le jour en 1861 à la suite d'une initiative analogue d'un groupe d'industriels.

À première vue, de telles mesures peuvent tantôt paraître « évidentes », tantôt donner une impression de dispersion car elles concernent indifféremment l'éducation, la communication, les transports, la création d'entreprises. Sont-elles le fruit d'une réflexion approfondie sur les conditions qui favoriseraient en Europe l'innovation technologique et l'essor de nouvelles entreprises ? En lisant les communiqués de presse ou les comptes rendus des réunions du groupe, il est difficile de répondre.

Certes, ces grands industriels connaissent les recettes qui ont fait le succès de la Silicon Valley, mais peuvent-ils les transposer dans la vieille Europe ? Une addition d'éléments ne construit pas un système intégré. Or c'est cela le modèle : un système social et technologique capable d'autodéveloppement ; un environnement fait de relations et d'échanges entre universitaires, entrepreneurs, financiers. Un tel système ne se transplante pas. Il se crée spontanément lorsque les conditions sont réunies. Bien plus que de mesures ponctuelles et spectaculaires, il se nourrit d'une série d'actions se renforçant mutuellement. Il s'agit toujours du même défi à notre logique unidimensionnelle : inventer une nouvelle forme de « catalyse sociale » (ou sociétale), aux nœuds des réseaux d'informations et de financements.

Il semblerait donc que les mesures proposées ou les projets étudiés par la table ronde relèvent d'une telle stratégie plutôt que des programmes massifs auxquels nous ont habitués les gouvernements. Si l'on analyse de plus près ces mesures et projets, on s'aperçoit qu'ils ont pour but de créer des effets de synergie, en favorisant l'innovation technologique par la recherche et l'éducation : le développement des communications à l'échelle de l'Europe par l'instauration des standards, notamment pour les fibres optiques à longue distance ou les radios cellulaires ; les transports par les nouveaux réseaux autoroutiers, les trains à grande vitesse transeuropéens, le tunnel sous la Manche, la voie rapide Scandinavie-Europe continentale ; l'esprit d'entreprise par la simplification des procédures nécessaires à la création d'entreprises, les incitations fiscales pour les entrepreneurs, la création de fonds de financement à risque — venture capital —, ainsi que de nouvelles formes d'investissements dans des projets à très long terme (Eurobonds ou Euroshares).

Si ces mesures étaient couronnées de succès, on verrait peu à peu se mettre en place une infrastructure et une logistique de base permettant le développement intégré de réseaux d'échange, favorisant dans toute l'Europe l'innovation technologique et les initiatives industrielles. Mais des structures de ce type ne viendraient-elles pas s'ajouter à celles mises en place par la Communauté ou par les États ? Et est-ce bien le rôle de la grande industrie de promouvoir de tels réseaux et de tels systèmes ? Est-elle trop « lourde » pour faire de la catalyse sociétale et les États sont-ils trop empêtrés dans leurs querelles intestines pour collaborer avec elle ? Qui peut agir efficacement ? Les associations et les grandes fondations européennes ? Il serait intéressant d'entendre leurs réactions aux propositions de la table ronde. Vont-elles prendre le relais ? Si elles parviennent à surmonter leurs antagonismes (certaines d'entre elles sont les émanations d'industries représentées dans le groupe, d'autres, extérieures, ont des stratégies concurrentes), elles constituent un réel espoir dans la mise en œuvre rapide des projets du groupe.

Le succès des propositions de la table ronde d'industriels européens repose sur une confiance mutuelle entre les partenaires. Mais comment briser la logique d'exclusion née de la concurrence industrielle ? Comment dépasser les blocages résultant des rapports de forces ? Les actions catalytiques s'exerçant dans des réseaux exigent une autre approche de l'exercice du pouvoir. Les grands industriels présents dans le groupe sauront-ils s'y adapter ? Il est clair que le succès ou l'échec de leurs efforts pèsera lourd

dans l'avenir de l'Europe. L'initiative industrielle réussira-t-elle là où tant de politiques
échouent depuis vingt-cinq ans ? Le triomphe
de l'europtimisme sur le désenchantement
qui est aujourd'hui de mise marquerait le
début de la reconquête de l'Europe par elle-
même.

DE LA RECHERCHE AUX MARCHÉS

La France serait-elle en passe de manquer le défi des technologies nouvelles ? Le carcan de nos traditions paysannes et jacobines étoufferait-il l'innovation technologique ? Pis, sommes-nous condamnés à nous battre sur les créneaux traditionnels qui bâtissent notre image à l'étranger : haute couture, parfums, vins, fromages, tourisme avec ses châteaux de la Loire et ses Folies-Bergère, abandonnant aux Américains et aux Japonais les hautes technologies, de la microélectronique aux robots en passant par les bactéries reprogrammées par le génie génétique ? Sombre alternative, et combien peu motivante pour les entrepreneurs de l'après-2000... A en croire les critiques, parfois dures, que nous nous infligeons régulièrement dans les magazines techniques ou économiques, nous serions déjà irréversiblement engagés sur la mauvaise pente : nous ne savons pas valoriser nos inventions ; nos idées fuient à l'étranger ; nous ne déposons pas assez de brevets ; nous sommes incapables de transférer les résultats de nos recherches universitaires vers l'industrie ; les industriels ne prennent pas assez de risques ; nous n'avons pas assez d'entrepreneurs ; pas assez de « Silicon Valleys »...

La dureté de nos critiques tient sans doute à la référence implicite au modèle de développement économique et social des pays industrialisés, encore fondé sur l'équation : recherche = développement = innovation = croissance industrielle = richesse économique = bien-être social. Ce modèle productiviste toujours en vigueur, quel que soit le régime politique, résiste à bien des épreuves : crise de l'énergie, revendications écologiques, crise économique, crise du travail. Or, dans cette équation, chaque terme détermine les suivants. Si l'un des maillons de la chaîne est trop faible, c'est l'ensemble du modèle qui se trouve remis en cause. D'où les efforts considérables réalisés dans notre pays depuis plusieurs années pour valoriser les recherches, favoriser les transferts université/industrie, promouvoir l'innovation technologique, motiver les entrepreneurs. Mais nos modes de pensée, notre formation, notre manque d'ouverture à l'information, nos réticences devant la coopération internationale, nos structures de recherche et de développement ne pèsent-ils pas déjà d'un poids trop lourd pour que l'on puisse espérer des changements profonds dans un proche avenir ?

Nos chercheurs et nos industriels obtiennent pourtant des résultats remarquables, reconnus à l'étranger. Nous sommes parfois à l'avant-garde des technologies les plus avancées : Ariane, l'Airbus — développés en commun avec des partenaires européens —, le TGV, les centrales nucléaires, le téléphone numérique, les réseaux à fibres optiques en « étoile », la carte à mémoire, le Minitel et la télématique grand public, le visiophone. Il faut sans cesse rappeler l'avance de la France dans ces domaines que le grand public, habitué à notre infériorité technologique, connaît moins. Allons-y donc d'un cocorico justifié : 1 375 000 Minitel en service en 1985, 2 600 000 en 1986 ; 11,8 millions d'accès mensuels à Transpac, qui véhicule 400 milliards d'informations par mois, beaucoup plus que ses homologues américains Telenet et Tymnet. La France est le pays le plus avancé au monde dans la grande télématique. Battus les Américains, dépassés les Japonais.

Alors ? Plus de complexes ? Nous vivons en fait notre développement technologique de manière paradoxale : en retard dans des domaines vitaux, allant de la micro-électronique aux biotechnologies, faute d'avoir su à temps industrialiser nos bonnes idées, nous voici en avance de plusieurs années dans d'autres comme la télématique ou les visio-communications... Ce paradoxe profond, clé, peut-être, de notre développement industriel, doit être analysé en détail pour tenter de discerner les solutions possibles.

Afin de mieux identifier faiblesses et avantages, il convient de se situer à l'interface de la recherche et des applications industrielles, considérant, autant que faire se peut, formations et attitudes des responsables de la recherche-développement française. Les exemples d'occasions manquées abondent, malheureusement, dans les secteurs de pointe. En voici quelques-uns.

Le principe du micro-ordinateur construit autour d'un microprocesseur a été défini et développé en France dans les années 70. C'est pourtant aux États-Unis qu'il a connu le succès que l'on sait.

Les principes de base du génie génétique, éléments de contrôle et de transfert d'information moléculaire, ont été, pour la plupart, découverts et décrits en France. Ils seront surtout exploités aux États-Unis.

Des chercheurs mettent au point un test de dépistage d'agents mutagènes, c'est-à-dire cancérigènes. Pourtant très originale, la trousse n'intéresse aucun industriel français. Elle est développée à l'étranger et commercialisée dans le monde. Une entreprise française est obligée de demander une licence pour notre pays...

D'autres chercheurs inventent un système de diagnostic révolutionnaire permettant de repérer et d'isoler dans les gènes, au niveau moléculaire, l'information indiquant la présence d'un virus ou d'un défaut génétique. Aucune des entreprises françaises contactées ne souhaite prendre le risque du développement. Le projet est poursuivi avec une grande entreprise américaine.

Certains éléments de l'écran plat, utilisé aujourd'hui dans de nombreuses marques de micro-ordinateurs portables, ont été développés en France il y a quelques années. L'entreprise innovatrice avait jugé qu'il n'y avait pas de marché pour ce produit au prix auquel elle était parvenue et en avait abandonné le développement.

A l'inverse, certaines de nos percées technologiques étonnent et suscitent même des jalousies de la part d'autres pays industrialisés. Ces succès sont souvent dus à l'élan donné par les pouvoirs publics, grâce à une centralisation des décisions au moment opportun. A nouveau, le cas du Minitel est typique de la situation paradoxale française. Pourquoi sommes-nous aujourd'hui le pays qui possède le plus grand nombre de terminaux télématiques au monde ? Aux États-Unis, au Japon, en Grande-Bretagne, en Allemagne, les consommateurs trouvent les terminaux trop chers par rapport au faible nombre de services offerts. Quant aux serveurs, ils ne se lancent pas car il n'y a pas assez de terminaux pour justifier leurs investissements. Cercle vicieux. La France l'a brisé grâce à l'annuaire électronique. Les constructeurs ont reçu d'importantes commandes de l'État. Le monopole de la DGT, la décision d'expérimenter en vraie grandeur ont joué un rôle incitatif. Biarritz, ville câblée pour l'expérimentation du visiophone, est un véritable laboratoire technologique et sociologique. Les résultats obtenus, positifs ou négatifs, sont riches d'orientations pour l'avenir.

Une telle planification centralisée peut cependant présenter des risques à long terme. En cas d'échec, le prix à payer peut être élevé. Concorde et Secam sont là pour nous le rappeler. Dans le cas des réseaux en fibres optiques, par exemple, toute innovation nécessite des réadaptations immédiates. Les Américains viennent ainsi de développer un système de visiophonie utilisant les câbles classiques du téléphone. Les images sont transmises grâce à une technique de compression et de retraitement du signal qui réduit considérablement la quantité d'information transportée. Cette technique va-t-elle rendre inutiles les câbles tirés à grands frais sous les trottoirs des villes ?

L'interface recherche/industrie est donc, en France, riche d'enseignements : les transferts réussis, les innovations qui ouvrent de nouveaux marchés ou, à l'opposé, les blocages, les freins, les inhibitions, reposent souvent sur un petit nombre de facteurs caractéristiques de nos formations, de nos structures, de nos modes de pensée. Ils reposent aussi sur certains mythes, cultivés de longue date par les industriels français. En voici quelques-uns parmi les plus représentatifs d'un certain état d'esprit vis-à-vis des nouvelles technologies.

— Le mythe du brevet absolu : les Français, inventeurs dans l'âme, restent attachés à l'idée du brevet incontournable, capable de les protéger contre la concurrence. Certes, de tels brevets existent, mais l'énergie, les sommes dépensées pour déposer, protéger, étendre les brevets inhibent souvent les capacités de croissance de jeunes entreprises et les lancements de nouveaux projets. Ce qui compte, bien souvent, c'est d'être les premiers. De créer un nom, une marque, une référence et de conserver son avance technologique.

— Le mythe du marché à conquérir : de nombreux industriels estiment qu'il existe quelque part un marché potentiel, un véritable eldorado pour telle nouvelle technologie et qu'il suffit, pour gagner, de partir à sa conquête avant les autres. « S'il n'y a pas de marché, on ne se lance pas », répondent souvent les industriels aux chercheurs universitaires proposant un projet. En fait, les nouvelles technologies créent de nouveaux marchés, qu'aucune étude préalable, aussi détaillée soit-elle, ne saurait révéler.

— Le mythe du marché français : le marché français des technologies est à la fois trop grand et trop petit. Trop grand parce qu'il donne l'illusion aux entrepreneurs que leurs efforts de production et de commercialisation peuvent être amortis au sein même de l'Hexagone. Et trop petit car il s'avère rapidement que, si l'exportation et l'attaque des marchés étrangers n'ont pas été prévues dès le départ, il sera vite trop tard pour affronter la concurrence.

— Le mythe de la filière « filon » : l'exploitation d'une filière étroite qui positionne l'entreprise dans un marché captif est souvent un piège. Les technologies nouvelles progressent dans plusieurs dimensions à la fois. Il faut donc substituer à l'« approche filière », classique dans notre pays, l'approche « en réseau », nécessitant plus d'informations sur d'autres domaines, des prises de risques, le lancement de plusieurs projets à la fois et, aussi, de l'intuition.

— Le mythe de l'avance japonaise : « Si cette idée était aussi bonne, elle serait déjà réalisée au Japon. » On entend fréquemment cette phrase de démission. Le complexe français vis-à-vis des technologies nouvelles est bien vivant. On ne se lance pas, on ne prend pas le risque parce que, si le projet était aussi intéressant qu'on nous le dit, les Japonais l'auraient déjà entrepris.

Qu'en est-il des attitudes des responsables de la recherche-développement ? Leur caractère, leur psychologie sont souvent déterminés par leur formation. L'échec, chez nous, est pénalisant. Depuis l'école il est sanctionné. D'où une difficulté à prendre des risques, à accepter d'apprendre par essais et erreurs. La séparation entre universités et grandes écoles a sa part de responsabilité dans nos difficultés à passer de la conception à l'action. Les départements de physique théorique, de biologie moléculaire, d'architecture, de génie civil ou d'économie coexistent sur les grands campus étrangers, au bénéfice de tous, professeurs et étudiants. Nos universités sont les temples du savoir, et les grandes écoles, ceux du faire. Plus que jamais nous avons besoin de savoir-faire et de faire-savoir. La complexité des systèmes technologiques exige en effet de nouvelles méthodes d'approche systémique, la collecte et la diffusion des informations. Or la formation traditionnelle française est enfermée dans un dualisme entre le savoir et le faire. Le succès de certaines entreprises américaines de haute technologie est dû au mariage de deux types de formation, de deux types de caractères : le scientifique prospectiviste et le manageur aux yeux fixés sur son cash flow.

Dans l'université, malgré les incitations de ces dernières années, les structures en place sont plutôt de nature à dissuader les jeunes chercheurs de s'intéresser aux applications de leurs travaux. Dans les grands organismes de recherche, l'avancement dépend de commissions de classement qui jugent et récompensent les travaux théoriques. Les chercheurs mettant au point des appareils, tests de diagnostic, nouveaux vaccins ou circuits électroniques risquent d'être pénalisés. Ceux qui jugent ces travaux se retrouvent souvent dans les commissions d'attribution des crédits, parfois également dans les comités de lecture des grandes revues scientifiques. Un chercheur « appliqué » risque de se dévaloriser aux yeux de ces commissions, et de réduire ainsi ses chances d'obtenir crédits, postes et surfaces dont il a besoin pour travailler. Un projet développé dans un laboratoire universitaire et proposé à l'industrie est souvent considéré comme « trop en amont » par les industriels. Pour les chercheurs, « il n'y a plus qu'à commercialiser le produit ». Trop tôt pour les uns, déjà trop tard pour les autres, combien de bons projets, compétitifs à l'échelle internationale, se sont-ils perdus dans ce gouffre béant entre la fin des recherches appliquées et le début du développement industriel ?

Un problème caractéristique de la recherche française en génie génétique est le manque de centres de transfert où se fécondent les savoir-faire des chercheurs et ceux des ingénieurs. Les chercheurs estiment avoir terminé leur travail lorsqu'ils fournissent la souche bactérienne dans laquelle ils ont réussi à « cloner » le gène de telle protéine utile à l'industrie. Reste, en aval, tout le travail d'amélioration des rendements, d'optimisation des conditions de croissance des bactéries, du passage au pilote et à la production industrielle. C'est justement là que les Américains excellent. Ils mettent en commun des techniques essentielles à cette phase de transfert. Dans nos laboratoires universitaires, chaque spécialiste, tirant son aura de la maîtrise de telle biotechnologie, résiste bien souvent avant de la rendre librement accessible à ses collègues.

Si les centres de transfert font souvent défaut, que dire de la rigidité de nos structures administratives... La recherche implique une grande souplesse d'adaptation. Une idée, un nouveau sujet et il faut pouvoir rapidement les explorer, les vérifier, les valider. Pour cela, les chercheurs universitaires doivent être en mesure de constituer très vite une équipe. Aux États-Unis, les engagements temporaires de chercheurs sont plus faciles et plus fréquents. Chacun prend ses risques. Une équipe de trois à dix chercheurs peut être constituée en quelques semaines et dissoute au bout de six mois. De la sorte, la « faisabilité » d'une idée peut être rapidement vérifiée, l'avance conservée et même augmentée. Les lois françaises d'engagements sur contrats à durée déterminée, non renouvelables après une certaine période, ne conviennent pas, de toute évidence, au dynamisme et au caractère discontinu de la recherche.

Autres freins dans les transferts université/industrie, les exigences des industriels français finançant des contrats de recherches universitaires. Ils demandent généralement l'exclusivité d'exploitation, la propriété industrielle des résultats et le secret des travaux. Or la recherche internationale n'avance que grâce aux échanges d'informations et aux publications. Certes, un responsable de laboratoire de recherche sait parfaitement ce qu'il peut divulguer à un collègue en échange de précieuses informations, et ce qu'il doit garder secret pour ne pas réduire son avance. L'information est une denrée négociable. C'est pourquoi les industriels ont souvent intérêt à s'associer et à partager les résultats dans un domaine de technologie avancée.

Cela permet de démarrer rapidement un projet et de profiter au maximum de la complémentarité des compétences. Plus que de garder d'hypothétiques secrets, c'est la rapidité et la mobilité qui importent. Elles s'obtiennent, comme dans les opérations militaires, grâce à une bonne « logistique » : locaux, équipements, matériels performants, mise en commun des technologies. Les meilleures équipes américaines, lorsqu'elles sont financées par des contrats industriels, misent sur la logistique et placent le « secret » au second plan.

Mieux qu'une longue description des défauts des Français en recherche-développement, voici, en cinq petites phrases acides, l'avis d'un grand chercheur canadien travaillant depuis plusieurs années en France :

— Le Français est marié à ses idées. Si on les attaque, on l'attaque. C'est bon pour la discussion mais mauvais pour la recherche.

— Le financement de la recherche se fait par appel d'offres. A ce niveau, la France est déjà trop dirigiste.

— Les mêmes personnes sont demandeurs des crédits de recherche et jugent les nouveaux projets : il y a trop de « mariages consanguins » dans la recherche française.

— Pour les Français, l'univers est « logique ». Ils croient qu'être plus intelligent que les autres, c'est être plus logique, mais ils négligent de prendre des paris au bon moment.

— Les Français apprennent à ne jamais poser de question, sauf s'ils connaissent la réponse, ce qui permet de se valoriser vis-à-vis du professeur ou des autres.

Après l'analyse, parfois sévère, de nos principaux défauts d'interface entre recherche et industrie, quelles sont les qualités qui, à l'inverse, construisent et renforcent le paradoxe français ? Les mêmes étrangers sont souvent les premiers à reconnaître certains avantages de notre système étatique centralisé. Par exemple, dans le lancement de grands programmes technologiques capables de galvaniser et de vivifier de nombreux laboratoires de recherche et entreprises.

Les étrangers admirent ainsi nos capacités à définir et à conduire des plans industriels soutenus par les organismes publics. Les grandes entreprises nationales, organismes et ministères techniques se sont dotés de cellules d'évaluation et de prospective qui ont joué un rôle déterminant dans la planification de grands projets. La DGT, Renault, la SNCF, Air France, EDF sont aussi en avance qu'Américains ou Japonais dans la définition et le choix des grands axes d'évolution de la société de demain. Du nucléaire à l'aérospatiale, nos succès sont indiscutables. Nous sommes très à l'aise dans les télécomunications, la technologie des armements et les grands systèmes d'armes. Nos entreprises, grandes ou petites, travaillant pour la défense bénéficient d'une logistique et de réseaux d'information à l'échelle internationale. Une des conditions de la compétitivité dans les hautes technologies. De plus, notre tradition humaniste nous conduit à prendre en compte, quand cela est possible et plus souvent que les autres pays industrialisés, l'impact social et humain des grands projets ou des nouvelles technologies.

On voit ainsi se dessiner les ingrédients du succès technologique à la française : des filières financées en continu par l'État, grand client garanti, une foule d'entreprises sous-traitantes, un corps d'ingénieurs et de technocrates compétents dans la prospective, la planification, la gestion de grands projets, un réseau international d'informations et de communication. Par contre, sur le terrain des technologies à développement multidimensionnel, comme les biotechnologies ou l'électronique grand public, dans lesquelles les stratégies gagnantes consistent à penser et agir par l'intermédiaire de multiples essais et erreurs, expérimentations sur le terrain, « joint ventures », coopération université/industrie, nous avons plus de difficultés, semble-t-il, à nous imposer dans la compétition internationale.

Paradoxe français : alors que nous savons éclairer le chemin, identifier les obstacles et les enjeux avant les autres, nous souffrons d'une sorte d'inhibition au moment du passage à l'action. Comment surmonter ces contradictions ? Réunir le savoir et le faire ; la réflexion et l'action ; le risque et la sécurité ?

Dans les sociétés modernes, l'information détermine et conditionne tout : structures, méthodes et styles de gestion. C'est pourquoi nous devons d'abord prendre conscience de la transition que nous vivons entre un type de société industrielle marquée par la conquête de l'énergie, la collecte des matières premières et un type de société où la denrée essentielle est l'information. Avec cette différence capitale : l'énergie, comme l'argent, est consommée, alors que l'information s'autocatalyse, s'alimente à sa propre source, s'accumule, par son échange même. Pour affronter les contraintes de la société informationnelle, gérer l'intelligence, susciter et catalyser l'innovation, nos structures, modes de pensée, méthodes devront évoluer en profondeur.

Toute structure vivante dépérit et disparaît si elle n'est pas traversée en permanence par un flux d'informations, d'énergie et de matériaux. C'est le concept et la loi des « systèmes ouverts ». Comme les organismes vivants, les entreprises ont besoin de systèmes sensoriels, de capteurs. On a trop longtemps considéré l'information comme une denrée mineure, gratuite, facilement accessible grâce à une bonne dose de débrouillardise. Pour être innovateur, compétitif et adaptable, qualités sur lesquelles les entreprises japonaises fondent leur stratégie, il faut aujourd'hui disposer de moyens lourds. Savoir acheter, échanger, négocier de l'information sous toutes ses formes, et y mettre le prix. Faire « tourner les stocks d'intelligence ». Moyens indispensables : un réseau international de collecte et d'analyse des informations essentielles à la vie de l'entreprise, une cellule de prospective et d'évaluation ; une politique de l'information dans l'entreprise se traduisant, notamment, par la consultation régulière de bases de données, l'exploitation active, à tous les niveaux, des sources institutionnelles d'informations.

Irriguée, vivifiée par l'information, l'entreprise innovatrice demandera de nouveaux manageurs répondant à des profils différents. Les responsables de la recherche-développement, notamment, devront faire converger des voies de recherche, valoriser et utiliser des technologies provenant de domaines connexes, gérer des équipes projets, des structures souples et mobiles, transmettre un savoir-faire, communiquer des notions complexes, évaluer les résultats en fonction des objectifs, s'adapter à des situations changeantes. Ils devront disposer pour cela de qualités de médiateur, de communicateur, de « catalyseur ». Or la formation de nos élites est axée sur la gestion des machines ou des personnes considérées comme des objets bien répertoriés. Pas sur celle des systèmes complexes comme le sont par exemple les systèmes technologiques en développement. Ces systèmes évoluent par intégrations successives. Il y a phénomène de coévolution : le micro-ordinateur portable, le *laser disk audio* transformé en mémoire d'ordinateur, la machine à écrire électronique, la photocopieuse qui numérise les informations et les transferts sur un disque optique sont des exemples de convergence de branches technologiques dans lesquelles excellent les Japonais. Ils savent en effet tirer profit de tout progrès réalisé dans un autre domaine.

Après l'ère de l'ingénieur tout-puissant, de l'homme de marketing et du financier, on voit poindre celle du « catalyseur » : homme de communication interne et externe, de réflexion prospective, capable d'initier et de suivre des projets, de conduire des petites équipes motivées. Dans les grandes entreprises japonaises, les meilleurs projets, les innovations les plus performantes viennent souvent « du haut », des patrons, hommes de grande expérience, véritables « sages » visionnaires. Ou, aux États-Unis, de ces diri-

geants de petites entreprises de haute technologie, flanqués de leur *degree* en *engineering*
et *business administration*, ambassadeurs
itinérants, collecteurs d'informations, inspi-
rateurs éclairés.

Le paradoxe de la recherche-développement française tient aussi à une attitude
manichéenne vis-à-vis des produits de l'intelligence. La confiance dans la raison s'oppose
à la confiance dans l'intuition. Notre formation, notre tradition cartésienne nous conduisent à préférer l'analyse à la conception et à la
mise en œuvre de systèmes. Or, pour construire des systèmes complexes comme les
entreprises nouvelles et les réseaux qui les
irriguent et les mettent en communication, il
faut une capacité de « catalyse ». Nous sommes désarmés devant la complexité des systèmes. Face à l'infiniment complexe, aucune
loi ne nous assiste dans la gestion, la régulation, la planification des systèmes sociaux
dont nous sommes les éléments, et, pour certains, les pilotes : entreprises, villes, systèmes économiques. L'analyse ne suffit plus.
Nos approches traditionnelles restent trop
souvent ponctuelles, parcellaires, linéaires,
à court terme. Ou, au contraire, globales,
technocratiques, détachées des problèmes
réels : paradoxe à nouveau. Ces approches
ne tiennent pas compte des interdépendances
sur lesquelles reposent amplifications, inhi-

bitions, effets pervers. La création et la gestion de systèmes complexes, leur « gouvernement » au sens cybernétique du terme, exigent une nouvelle culture fondée sur l'intégration de nos capacités d'analyse et de synthèse, nécessitant la fin du dualisme sur lequel se fonde notre action. Confrontés à la complexité, nous devons développer d'autres qualités, et en particulier un savoir-faire de nature « catalytique ». Employé souvent dans cet article, ce terme familier des chimistes et biologistes peut surprendre dans le contexte de l'entreprise, et plus généralement des systèmes sociaux. Il me paraît au contraire y trouver de nouvelles résonances. Un catalyseur rend possible et accélère une réaction en favorisant la rencontre des éléments réactifs. La catalyse sociétale est à inventer.

LA FÊTE INDUSTRIELLE

Une nouvelle forme de communication
entre le grand public, l'industrie, la science et
la technique est en train de naître en France.
Les étapes de cette naissance s'appellent FIT
(Festival de l'industrie et de la technologie) ou
Explora (exposition permanente de la Cité
des sciences et de l'industrie). Chacun tente,
à sa manière, la difficile synthèse de l'information, de la pédagogie et du jeu. Une synthèse nécessaire pour permettr à tous les
publics de percevoir la complexité de la
société moderne et de ses enjeux technologiques.

Le succès du FIT, avec 500 000 visiteurs —
en majorité des lycéens et des étudiants de 15
à 25 ans —, témoigne de l'opportunité d'une
telle approche. Le pari de Christian Marbach,
commissaire général du festival, directeur de
l'Anvar, est gagné. Le public a été sensible au
côté ludique, interactif, dynamique, convivial

de cette grande fête de « l'entreprise France ». La Cité des sciences et de l'industrie, qui a collaboré à l'organisation du FIT, est le pionnier d'une telle approche, notamment pour Explora, son exposition permanente de 30 000 mètres carrés, ou pour son espace-entreprises, qui ont ouvert leurs portes en mars 1986. Le FIT lui a servi de banc d'essai afin d'évaluer les réactions du public et d'expérimenter en vraie grandeur certains de ses équipements.

Le FIT et Explora permettent de dégager l'importance de plusieurs facteurs nécessaires au succès de ce type de manifestation. Le rôle, d'abord, de l'animation. Le Club Méditerranée est, on le sait, le pionnier d'une forme nouvelle d'animation, avec ses célèbres G.O. (gentils organisateurs), capables de « faire vivre » un village. Le FIT et la Cité des sciences et de l'industrie s'en inspirent, tout en innovant à leur tour : animateurs, certes, mais aussi journaux composés et mis en pages sur place, station de radio et de télévision, jeux et concours, salles d'actualité, espaces-entreprises, maison de l'industrie, visites et participation de personnalités. Cette animation permanente s'appuie sur le langage médiatique du quotidien : vidéoclips, écrans de Minitel et d'ordinateurs, petits théâtres, jeux informatiques, ateliers et « manips » où l'on peut expérimenter. Enfin, présence des moyens nécessaires, guides et relais, pour l'acquisition des connaissances, tels que bases de données, liste de documents, approche qui culminera, en 1986, avec la médiathèque de la Cité.

L'entreprise peut tirer profit de telles expériences de communication. Elle vit, en effet, une mutation dans les moyens et méthodes de présentation de ses produits ou services. La « réclame » d'avant-guerre s'est transformée en publicité, laquelle se fond aujourd'hui dans la communication d'entreprise. Naguère, on mettait en avant une technique, un produit, une image. Aujourd'hui, le message est complexe, il doit être lu à plusieurs niveaux. C'est pourquoi des voies de communication indirectes sont poursuivies : mécénat artistique ou technique, sponsorings divers, promotion de l'image institutionnelle, de celle de personnes identifiables à l'entreprise, mise en œuvre de moyens spécifiques à l'intention de différentes cibles pour intéresser, informer, former, faire participer les futurs clients. Mais l'invasion des techniques nouvelles — des matériaux de la planche à voile au *laser disk*, des nouveaux médicaments au magnétoscope — nécessite un réajustement du discours des entreprises. Leur message médiatique se brouille parfois, occulté par les nécessaires connaissances de base. En tirant profit de l'effet d'environnement, d'événement, d'immersion, créé par le festival, les 400 entreprises présentes au FIT ont réussi à « faire passer » leur message. Car il ne s'agit plus seulement aujourd'hui de vendre des produits ou des services, mais des produits/services formant un système intégré aux multiples entrées.

L'image de l'entreprise se modifie profondément. Jusqu'à une époque récente, on n'entrait pas dans les usines, on ne comprenait pas l'activité des bureaux. Aujourd'hui c'est l'entreprise — ses usines, ses machines, ses bureaux, ses réseaux — qui vient à nous et se raconte. Elle contribue ainsi à l'émergence d'une nouvelle culture industrielle dont le FIT et la Cité des sciences et de l'industrie sont les supports. Faut-il autant investir pour promouvoir cette culture ? Parviendra-t-on à réconcilier les Français avec la technique et à les préparer ainsi aux défis du IIIe millénaire ? Certains trouveront que 100 millions de francs pour une exposition temporaire comme le FIT ou 4,5 milliards pour la Cité des sciences et de l'industrie, c'est beaucoup. Mais les investissements les plus coûteux sont parfois ceux que l'on n'a pas faits à temps. Les retombées indirectes de ces expositions temporaires ou permanentes sont difficiles à mesurer, mais elles sont sans prix : motivation des jeunes pour acquérir d'autres savoirs, naissance de vocations, développement de la volonté d'entreprendre, meilleure insertion sociale, reconversions professionnelles facilitées.

Il s'est passé au FIT quelque chose d'important, dont la Cité des sciences et de l'industrie assurera le relais et amplifiera les effets : la preuve que le rôle des techniques de pointe dans le développement industriel peut être rendu populaire. Grâce aux nouvelles formes de communication, on peut désormais, selon la formule percutante de Louis Leprince-Ringuet, remplacer l'enseignement octroyé par la curiosité assistée.

LES DÉFIS TECHNOLOGIQUES
La course internationale à l'innovation

LES DÉVOREURS D'INNOVATION

Washington, fin des années 60 : des centaines de milliers de jeunes Américains marchent sur la ville pour faire connaître au pays et au monde leur opposition à la technologie et à une certaine croissance industrielle qui appauvrit les ressources de la planète et pollue l'environnement. Ce jour s'est inscrit dans les mémoires sous le nom d'*Earth Day*, le jour de la Terre. Vingt ans après, l'Amérique est à nouveau fascinée par sa technologie. Une technologie réhabilitée, réappropriée, consacrée par les grands médias, et notamment sur le plus grand podium du monde lors de l'ouverture des Jeux Olympiques. Télécommunications, nouveaux matériaux, biotechnologies, informatique, télématique influencent à des degrés divers la vie des jeunes Américains et modifient leurs styles de vie, leurs loisirs, leurs études, leur vie familiale ou la pratique de leurs sports favoris.

Comme elle paraît loin la « révolte des campus » de la fin des années 60, où, sous la houlette de Herbert Marcuse et de Timothy Leary, la *me generation* (moi) se repliait sur elle-même, prônait le retour à la nature et vivait dans des communes. La cuvée 80 — la *us generation* (nous) — vit en symbiose avec la technologie. Ses nouveaux défis s'appliquent moins au rejet des valeurs de la société technologique ou à l'exploration de l'espace intérieur qu'à la maîtrise d'un programme de micro-ordinateur ou à la confrontation permanente avec les idées des autres par l'intermédiaire des réseaux télématiques conviviaux *(networking)*. Les moyens d'expression les plus divers intègrent la dimension technologique. Qu'il s'agisse des films de Steven Spielberg et de George Lucas, tirant profit des techniques les plus récentes de trucages et d'images de synthèse par ordinateurs, des grands shows musicaux à la Woodstock, avec écrans géants et transmission par satellites — comme ceux organisés dans le désert près de Los Angeles par « Woz » Wozniak, un « génie » de l'informatique —, ou encore des nouveaux sports californiens, on sent partout présente, admise, dominée, complice, la technologie. Et une technologie datant de moins de dix années. Née le plus souvent de la convergence de secteurs considérés jadis comme indépendants, mais qui trouvent aujourd'hui leurs applications dans les domaines les plus variés, de la communication aux sports de compétition.

Certes, l'Amérique ne se mobilise pas dans son ensemble « pour ou contre » les nouvelles technologies. Certains environnements sont plus favorisés que d'autres. Face à une Californie toujours prête à explorer les nouvelles routes de l'avenir, il demeure une « Amérique profonde », parfois réticente au progrès, l'esprit entravé et les innovations freinées par un conservatisme idéologique ou religieux. Il existe des différences fondamentales d'une côte à l'autre, entre les habitants de Boston et ceux du Midwest ou de Floride. Mais il est un fait indéniable qui détermine en partie l'évolution sociale et économique des États-Unis : la Californie est la « tête chercheuse » de ce pays. Un observatoire avancé et un lieu d'expérimentation pour les mœurs, les techniques, les systèmes de communication ou les énergies de l'avenir. L'ouverture d'esprit, la tolérance, le goût de l'expérience et du risque, une curiosité insatiable caractérisent les Californiens. De la Silicon Valley — rebaptisée Siliclone Valley depuis l'avènement des biotechniques (le clonage est l'une d'entre elles) — aux surfers de San Diego qui s'entraînent devant les falaises de La Jolla, au pied du Salk ou du Scripps Institute, avant d'aller enseigner ou suivre leurs cours, une même quête : l'aventure intellectuelle ou sportive considérée comme une compétition permanente soutenue par les derniers progrès techniques.

Quelques exemples, empruntés à diverses étapes de la vie des jeunes Américains, permettent d'illustrer certains aspects de cette aventure.

Depuis plusieurs années déjà, l'ordinateur a pénétré l'école et l'université. Il est devenu presque banal d'en parler. Avec l'abaissement des prix et la facilité d'utilisation des nouveaux micros *(user friendliness)*, les micro-ordinateurs sont en « libre-service » sur les pupitres de nombreuses écoles. Les élèves les retrouvent chez eux (9 millions de micro-ordinateurs sont prévus dans les foyers américains en 1986). Pour entrer au collège ou à l'université, l'étudiant a la possibilité de choisir l'établissement le mieux adapté à ses goûts, grâce à des services de mise en relation de l'offre et de la demande *(computer matching)*. Dans un nombre croissant d'universités, les étudiants se voient proposer un micro-ordinateur, grâce à une avance qu'ils pourront rembourser avec l'acquittement régulier de leurs frais de scolarité *(tuition)*. A la fin de leurs études, le micro leur appartiendra. Ainsi, à Carnegie Mellon, les micro-ordinateurs des étudiants peuvent se connecter non seulement entre eux mais aussi aux gros ordinateurs de l'université, par exemple pour l'accès aux bases de données. Les rapports entre professeurs et étudiants sont en passe d'être profondément modifiés par cette pratique. Depuis quelque temps, il est même possible de suivre des cours par correspondance grâce à l'ordinateur : la société TeleLearning Corporation offre à ses abonnés plusieurs programmes de formation et des « boîtes aux lettres électroniques » accessibles par le réseau téléphonique à partir d'un ordinateur à domicile. L'élève peut ainsi correspondre régulièrement avec son professeur et dialoguer avec lui en temps réel. A la sortie de l'université, le diplômé pourra consulter des services de petites annonces électroniques *(electronic bulletin board)* lui donnant les emplois disponibles dans différentes villes, compte tenu de sa formation et de ses souhaits.

A peine sortis de l'université, beaucoup de jeunes diplômés songent à créer leur propre entreprise. Avec une équipe de copains, en s'amusant, comme le montrent les petites entreprises de logiciels nouvellement créées, ils pourront devenir millionnaires (en dollars) à 25 ans. La *success story* de Steve Jobs, créateur d'Apple Computer, ou celle de Mitch Kapor, créateur de Lotus en 1982 et qui réalisera un chiffre d'affaires supérieur à 100 millions de dollars cette année, sont trop connues pour qu'il soit nécessaire de les raconter à nouveau ici. Peu d'histoires d'entrepreneurs illustrent aussi bien l'adéquation entre un homme, un certain idéal, une technologie de pointe... et une grande réussite financière personnelle. L'évolution des aspirations de carrières des diplômés des écoles de management, rapportée par les spécialistes du recrutement placés sur les campus, est significative. Dans le courant des années 60, une majorité se voyait à la direction d'un département d'une grande entreprise. Au début des années 70, ils étaient fascinés par les grandes sociétés de conseil. À la fin des années 70, par la création d'entreprise, avec pour objectif de la conduire à la plus grande taille possible. Dans les années 80, ils visent le même but, mais cette fois ils préfèrent construire les bases de son succès et revendre ensuite l'entreprise sur le marché *over the counter*, si possible au bout de cinq ans, pour recommencer une nouvelle aventure. La technologie permet de telles progressions par bonds successifs. Elle transforme aussi le rôle du leader. Après la prédominance du financier, puis du spécialiste du marketing, on voit apparaître l'ère du communicateur, sachant utiliser toutes les ressources des nouvelles technologies de la communication à l'intérieur comme à l'extérieur de l'entreprise.

Le *technology boom* des années 60-70, s'appuyant sur l'optique et l'électronique, fit le succès des petites entreprises de la Route 128, dans la région de Boston, et le bonheur des *venture capitalists*. Puis vinrent les années noires, à l'issue de la guerre du Kippour et au début de la crise mondiale. Avec la micro-informatique et les biotechnologies, le *venture capital* connaît à nouveau des jours heureux à partir de 1979. Mais depuis quelques mois on assiste à nouveau, malgré la reprise américaine, à un certain désenchantement des investisseurs pour les hautes technologies, notamment pour les biosciences. Causes principales : problèmes de brevets, délais plus longs que prévu entre recherche appliquée et développement, et donc retards des nouveaux produits annoncés. Pourtant les entrepreneurs sont toujours aussi nombreux, saisissant, à l'occasion d'une nouvelle technologie, l'idée simple et originale qui fera leur succès et peut-être leur fortune.

L'information, la communication, les réseaux sont les mots clés de l'évolution culturelle et socio-économique de l'Amérique contemporaine. L'information est reconnue comme une denrée qui s'achète et se vend, à la manière de l'énergie, des matières premières ou des aliments. On ne l'obtient plus par un recours au système D, cher à notre pays. Il faut savoir y mettre le prix, investir pour l'avenir, utiliser des moyens lourds comme les bases de données (2 000 aux États-Unis), les *information brokers* (des courtiers en information faisant des recherches à façon sur ces bases de données), le *networking*, sorte d'entraide télématique. Le développement de ces activités et des produits annexes est considérable. On prévoit que plus du quart des 50 millions de micro-ordinateurs prévus aux États-Unis pour 1990 seront raccordés à des bases de données. La communication y devient dès aujourd'hui une des principales utilisations du micro domestique et professionnel. Le marché des appareils d'interface, comme les modems acoustiques ou électroniques, les micro-ordinateurs portables, est en croissance rapide. On voit se développer des réseaux de transmission par micro-ondes, à partir d'antennes paraboliques destinées à la seule communication télématique grand public et qui fleurissent sur les toits des maisons. *Teleforums* de professionnels, *opinion forum* (sondages en direct), *bulletin boards*, *chat* (bavardages en direct), mise en contact informatique sur les sujets les plus divers, relais par des chaînes de télévision : l'Amérique, toutes classes confondues, s'engage dans un gigantesque dialogue à l'échelle du pays. Micro et réseaux complètent ainsi peu à peu le couple technologique traditionnel cher à ce pays : l'automobile et la télévision.

Cette confrontation permanente avec les

machines à communiquer et à traiter l'information crée des rapports particuliers entre utilisateurs et techniques. Certains s'enferment dans des liaisons psychologiques (voire psychanalytiques) complexes avec l'ordinateur. Ce sont les *computer hackers* ou les *computer bums.* Cette intimité informatique révèle parfois les talents de ceux que l'on appelle les gourous de la Silicon Valley, connus grâce à un jeu d'aventure ou à un logiciel pour micro et recherchés par les sociétés de logiciels et de matériel. Mais les jeunes Américains, élevés avec les micros et aujourd'hui lassés par les jeux vidéo de leur enfance, développent une étrange passion pour ce que l'on pourrait appeler la cryptologie informatique. Il s'agit pour eux de défier les programmes, de copier les disquettes les mieux protégées, d'entrer par effraction sur des ordinateurs de banques, de compagnies d'assurances, voire des ordinateurs militaires, comme l'a illustré le film *War Games.* Toute une génération est saisie par la frénésie du décryptage. Un programme miracle nouvellement commercialisé, destiné à copier tous les programmes protégés, est aussitôt rendu caduc par une nouvelle technique de codage. C'est l'escalade. « Il vaut mieux ce type d'escalade informatique que celui des armements nucléaires », faisait remarquer à la télévision le jeune PDG d'une entreprise de logiciels. La copie des programmes n'est plus assimilée à un vol par la majorité des *micro kids*. Elle est même souvent valorisée, car elle implique un effort d'intelligence pour « battre la machine ».

Dans ce contexte, l'intelligence artificielle est perçue comme l'ultime défi. Un ordinateur peut-il faire des synthèses, réfléchir, raisonner, créer ? Pour beaucoup de jeunes Américains, la réponse est oui, sans complexes. Mais déjà les craintes naissent. Dans leur récent livre sur ce sujet, *La Cinquième Génération*, Edward Feigenbaum et Pamela MacCorduck citent le cas d'un consultant très connu dans sa profession, qui subit une grave dépression nerveuse lorsqu'il apprit, après avoir donné les clés de son savoir-faire à un programmeur, que toute sa connaissance ⁺enait en une vingtaine d'algorithmes. L'intelligence artificielle est la nouvelle frontière de l'informatique. Les Américains veulent relever le défi des Japonais. Déjà se sont créées des dizaines d'entreprises qui proposent des programmes « experts » dans des domaines très différents.

Une des percées technologiques parmi les plus spectaculaires de l'informatique graphique *(computer graphics)* est sans doute la synthèse d'images et de sons, aux retombées illimitées dans les domaines des arts, de la musique, du cinéma et de l'audiovisuel en général. On assiste actuellement à un foisonnement de créativité dans divers médias. Venus de la publicité, des vidéo-clips, une nouvelle génération de spécialistes de l'audiovisuel tire profit des ressources multiples offertes par l'arsenal des nouvelles technologies : lasers, hologrammes, animation, vidéo à mémoire de trame, bruitages, paroles et musiques synthétiques. Les nouveaux films à grand spectacle utilisent presque tous des effets spéciaux fondés sur la mise en œuvre de l'ordinateur. Les orchestres de hard rock, funky music ou new wave font appel aux instruments électroniques et aux studios de production de sons synthétiques ; des artistes font des expositions électroniques. Les observateurs spécialisés prévoient une véritable explosion des marchés de l'éducation, lorsque cette vague de créativité pénétrera le monde encore fermé des programmes pédagogiques et didactiques, tant pour la formation des jeunes que pour le recyclage des adultes.

Il n'y a pas que l'électronique, l'informatique ou les télécommunications qui influencent la vie des jeunes Américains. Le succès des sports nés au cours des vingt dernières années et pour la plupart en Californie, comme le surf, la planche à voile, l'aile delta, l'ULM, le catamaran de course ou le skate board (qui a conduit à un renouveau du patin à roulettes), est dû en grande partie à la judicieuse utilisation de matériaux nouveaux, légers et résistants, comme le polyuréthane, le polyester stratifié, le dacron, le mylar, le kevlar, la fibre de carbone. Les acrobaties réalisées par les patineurs à roulettes qui sillonnent, écouteurs du walkman aux oreilles, Central Park à New York, Pacific Boulevard à Santa Monica ou Ventura (quartiers de Los Angeles) seraient impossibles sans les qualités d'adhérence des roues en polyuréthane et la flexibilité de leur axe. De même les évolutions des planches à voile modernes (notamment pour le saut de vague), les glissades en deltaplane, les performances des ballons à air chaud seraient limitées sans le choix des matériaux adaptés. Le progrès technologique est immédiatement intégré à l'évolution de ces sports individuels, pour obtenir la meilleure « machine », les meilleures performances. La « machine », c'est la planche, l'aile. Outils parfaits de glisse ou d'aérodynamisme, permettant l'évolution dans les conditions les plus variées. Ces sports de glisse évoluent en permanence par suite du mariage de différentes machines. Nouvelles équations : surf + voile = wind surf ; skate + voile = speed-sail ; deltaplane + moteur léger = ULM. Les progrès d'une technique se répercutent sur une autre. Défis à la pesanteur, aux forces du vent ou des vagues, ces sports symbolisent les aspirations, le style de vie de la nouvelle génération américaine, sa passion pour ces machines simples, efficaces et pourtant difficiles à dompter.

Technologies, esprit d'entreprise, art de vivre. Ces aspirations de l'Amérique nouvelle peuvent être symbolisées par un jeu sportif pratiqué sur les plages et les campus à travers tous les États-Unis, et qui peu à peu conquiert le monde : le frisbee. C'est un disque en plastique soigneusement profilé qu'on lance avec un mouvement du poignet et du bras et qui parcourt, en tournant sur lui-même, une trajectoire harmonieuse. Adresse, précision du geste, *timing*, il n'en fallait pas plus pour faire du frisbee un grand succès commercial en tant qu'instrument de compétition ou accessoire de loisir. Technologie, compétition, préfiguration de l'avenir (la soucoupe volante), beauté des mouvements et des trajectoires, silence et calme. Le frisbee, c'est pur, c'est difficile, c'est brevetable... et puis ça peut rapporter gros. Ce slogan pourrait s'appliquer à bien des initiatives de l'Amérique d'aujourd'hui et à son « flirt » permanent avec les technologies, tempéré d'un zeste d'absolu.

L'INTERNATIONALE DE LA TECHNOLOGIE

Les conférences internationales « au sommet » nous avaient habitués à d'autres thèmes et à d'autres discours : économie, limitation des armements, problèmes monétaires. Il y était rarement question de recherche et de technologie, de formation, ou d'environnement. Ces questions étaient laissées aux commissions d'experts, les chefs d'État n'en parlaient généralement pas.

En juin 1982, le président François Mitterrand avait surpris l'opinion internationale en proposant aux chefs d'État réunis à Versailles de réfléchir à la science et à la technologie comme grands thèmes de coopération et de relance de l'activité économique. Cette proposition a été entendue : en mai 1983 au sommet de Williamsburg, aux États-Unis, une stratégie originale concernant les technologies nouvelles a été décidée et des projets concrets mis en application. L'élaboration de cette stratégie a reposé sur un important travail en profondeur réalisé par un groupe international. Il en est résulté dix-huit propositions concrètes de collaboration internationale, et dix-huit projets mettant en œuvre des technologies nouvelles, allant de l'exploration spatiale aux biotechnologies, en passant par la robotique, les nouveaux matériaux, la photosynthèse, l'aquaculture ou les technologies alimentaires. Huit de ces projets sont pilotés par la France.

Le rapport « Technologie, croissance, emploi » constitue un effort original de coopération internationale. Une bouffée d'air pur pour des nations parfois tentées par les vieux démons du protectionnisme. Ce rapport cherche à instaurer une nouvelle logique dans les relations scientifiques et techniques entre les États. Dans la logique classique, pour laquelle la puissance ne se partage pas, les notions de concurrence, de court terme, de réduction systématique des risques prédominent généralement. La nouvelle logique se réfère à des notions différentes : complémentarité des approches, recherches à long terme, risques partagés, systèmes ouverts de commerce multilatéral, transferts technologiques respectant les souverainetés et les choix des pays en développement, information mutuelle, projets communs.

Complémentarité, risques, recherches à long terme : plutôt que de s'affronter dans une concurrence stérile, le rapport propose de rechercher un partage des responsabilités dans le développement des technologies avancées. Les gouvernements devront également apporter leur soutien aux sciences fondamentales et aux activités de recherche et développement « à long terme et à risque élevé ». Expression neuve dans le cadre de commissions d'experts. Ainsi, la France et l'Allemagne mettront en commun leur savoir-faire pour les trains à grande vitesse. Le Japon et la France collaboreront à la mise au point de robots performants. Les États-Unis et la France échangeront leurs approches et leurs expériences sur les surgénérateurs.

Systèmes ouverts : cette notion est importante dans le contexte des relations internationales. Selon la théorie des systèmes, un « système ouvert » maintient son organisation et évolue vers des états de plus haute complexité, grâce aux flux d'énergie et d'information qui le traversent. Le rapport recommande de conserver un « système ouvert et compétitif entre partenaires » — un « système ouvert de commerce multilatéral ». La notion d'indépendance économique pourrait ainsi évoluer dans cette nouvelle approche de la coopération internationale. On s'éloignerait des théories centralisatrices, protectionnistes ou isolationnistes, prônées par certains économistes. Il s'agirait désormais de favoriser les échanges, la mobilité des hommes, les flux d'informations, d'innovations, dans des limites compatibles avec la concurrence et le secret stratégique.

Transferts technologiques : le rapport fait une distinction importante entre le transfert technologique à sens unique, des pays développés vers les pays en voie de développement, et le transfert de technologie fondé sur la notion de *partnership*, permettant de prendre en compte les particularités propres à chaque nation, leurs priorités, et les contraintes résultant de l'expression de leur souveraineté nationale.

On peut regretter, cependant, que ce rapport reste principalement centré sur les grandes « filières » traditionnelles : espace, communications, nucléaire. Mais il est vrai que ces filières ont leurs puissants lobbies, particulièrement aux États-Unis. Certes, le rapport fait souvent référence à l'acceptabilité sociale des nouvelles technologies et aux relations entre sciences, techniques et société. Mais on souhaiterait y trouver des propositions pratiques sur la mise en place de structures permanentes, destinées à étudier les effets des « croisements » de secteurs technologiques les uns avec les autres, pour tenter d'en prédire l'impact sur la société. Le Cesta[1] pourrait

1. Centre d'Étude des Systèmes et des Technologies Avancées.

devenir, sur ce thème, l'interlocuteur privilégié des autres grands centres de prospective et d'étude de l'impact de la technologie sur la société existant dans le monde, tels que le Science Policy Research Unit (Spru) en Angleterre, la Brookings Institution aux États-Unis ou le Nomura Institute au Japon.

Une question de fond reste posée. La chaîne de causalité « technologie = croissance = emplois » constitue une des caractéristiques des sociétés industrielles de type productiviste. Or, après la phase de conquête de notre planète et celle de croissance industrielle qui lui a succédé, nous entrons sans doute dans une phase d'« aménagement » de la Terre, d'optimisation de nos ressources énergétiques et matérielles, d'« adoucissement » de nos relations avec notre environnement, de recherche de technologies appropriées nécessaires au Tiers Monde. Ce qui implique d'autres modèles de croissance et de développement. Or cette approche n'est pas toujours prise en compte dans le rapport « Technologie, croissance, emploi ». Son apport, cependant, est déjà positif : la coopération internationale qui se dessine annonce un partage des responsabilités en matière de recherche et de production à l'échelle planétaire et l'espoir d'une nouvelle forme de dialogue entre les nations.

FINANCER LE RISQUE TECHNOLOGIQUE

Relancer dans notre pays l'esprit d'entreprise et la foi en l'entrepreneur implique politique de l'innovation, capital-risque, organismes spécialisés dans le financement des nouvelles entreprises, aménagements fiscaux et juridiques pour en favoriser la création. Bénéficiant d'une expérience de quatre années passées (entre 1971 et 1975) à promouvoir le capital-risque en Europe en qualité de directeur scientifique à la Société européenne pour le financement des entreprises (EED, selon le sigle anglais), il m'est possible de mesurer les efforts réalisés depuis quinze ans dans ce domaine, le nouvel élan donné en France, et les lacunes qui restent encore à combler.

Alors que rien ou presque n'existait, une chaîne d'organismes-relais, capables d'évaluer les projets technologiques, de financer des travaux de développement, d'assurer les

premières phases du financement des nouvelles entreprises, a été créée peu à peu en
France, et surtout à partir de 1970 : Anvar, IDI,
sociétés financières d'innovation (SFI) et
diverses agences et associations telles que
l'Agence nationale pour la création d'entreprises... Mais le dédale des financements disponibles reste parfois trop compliqué pour les
entrepreneurs. Certains sont déroutés par le
nombre d'organismes existants et ne savent
plus à qui s'adresser. D'autres souffrent de la
rigidité des normes administratives. D'autres
encore sont rapidement découragés par les
dossiers que leur réclament banques et organismes de crédit.

Ces difficultés expliquent pourquoi le capital-risque à l'américaine est apparu comme
une solution providentielle. Mais ce n'est pas
seulement un concept ou une technique financière qu'il convient d'adapter, c'est un état
d'esprit et un environnement, c'est-à-dire un
réseau de contacts et d'intérêts mutuels, constituant un système aux potentialités de croissance autocatalytiques. Afin de promouvoir
en France un tel environnement, il faut agir
sur plusieurs paramètres à la fois, de manière
à renforcer les interdépendances au sein du
système.

Par exemple : favoriser l'« essaimage »
(spin-off), qui facilite les diversifications ;
permettre l'achat de l'entreprise par ses

cadres *(leveraged management buy-out)* ; aider les « intrapreneurs », qui lancent une nouvelle activité au sein d'un grand groupe ; améliorer l'aspect juridique et fiscal des « stock options » ; lancer des sociétés spécialisées dans l'introduction des jeunes entreprises sur le marché boursier ; améliorer les conditions de « sortie » boursière ; réduire la pénalisation résultant d'un échec : le prix à payer (réputation, dettes, responsabilité pénale en cas de faillite, etc.) est en effet trop lourd dans notre pays.

Malgré la création du second marché et des fonds communs de placements à risque (FCPR), beaucoup reste à faire pour assurer les conditions favorables à l'essor des nouvelles entreprises de haute technologie. Cependant, une structure nouvelle de financement de la R & D (recherche et développement) pourrait se révéler déterminante pour créer en Europe de telles conditions. Il s'agit de ce que l'on appelle aux États-Unis un *R & D limited partnership* (RDLP), que l'on pourrait traduire par « partenariat à responsabilité limitée ». Un RDLP pourra être créé par exemple entre :
— une petite entreprise de haute technologie disposant d'un savoir-faire et désireuse de financer sa recherche et son développement en vue d'aboutir, dans un délai de trois à cinq ans, à un nouveau produit mis sur le marché ;
— un organisme financier *(venture capitalist,*

par exemple) jouant le rôle d'intermédiaire, capable d'étudier les aspects techniques et industriels du projet proposé par l'entreprise et de réunir les fonds nécessaires ;

— des investisseurs qui prennent des risques pour financer la recherche et le développement, moyennant une rentabilité de leurs investissements, faite de dépenses déductibles et de revenus sous-imposés ;

— enfin des laboratoires de recherche universitaires, susceptibles de bénéficier de contrats de recherche en sous-traitance.

L'entreprise et l'organisme financier créent une filiale ayant la pleine responsabilité du projet (le *general partner*). Les investisseurs constituent les *limited partners*, ils n'interviennent pas dans la gestion et n'ont qu'une responsabilité limitée. L'entreprise cède son savoir-faire courant (en non-exclusivité) au RDLP, lequel devient propriétaire de toute nouvelle technologie résultant du programme. Cette technologie est cédée en exclusivité à l'entreprise, qui la développe et la commercialise. Elle devra payer en retour des redevances au *limited partnership*.

Quels sont les avantages pour les partners ? L'entreprise peut lancer de nouveaux programmes dans la phase coûteuse de démonstration de faisabilité, sans conséquences négatives sur ses bénéfices ou son taux d'endettement. En effet, elle ne comptabilise pas les versements faits par le partnership comme dettes à son bilan, et ses dépenses d'exploitation n'apparaissent pas au résultat. Les ratios d'endettement et de solvabilité seront ainsi mieux perçus par les créanciers. Les inventeurs ou entrepreneurs peuvent en outre conserver le contrôle de leurs activités, ce qui n'est pas le cas lors d'apports successifs en fonds propres.

Les *limited partners*, d'après la loi fiscale américaine de 1981, sont autorisés à déduire leurs investissements à risque pour un projet de R & D, même si celui-ci n'a pas encore conduit à un produit breveté et commercialisable. Leurs rémunérations proviennent ainsi d'une combinaison de déductions fiscales année par année et de royalties taxées à 20 % selon le mode des plus-values, alors que les dividendes sont imposables au titre normal des revenus.

Exemple : un investisseur place dans le programme de R & D 10 000 dollars cash et trois traites de 10 000 dollars chacune, venant à échéance à des dates définies dans le programme. Le fisc américain considère que les 40 000 dollars sont « à risque », même si 10 000 seulement ont été « placés ». Si l'investisseur se situe dans une tranche d'imposition de 50 %, il aura la possibilité de déduire 20 000 dollars de son revenu la première année, bien qu'il n'en ait investi que 10 000.

En 1983, 2,2 milliards de dollars ont été drainés vers des RDLP, contre 4,1 pour le venture capital « classique ». Les RDLP permettent non seulement de lancer de nouveaux programmes à partir de technologies de pointe, mais aussi de revitaliser des secteurs industriels en déclin. En biotechnologie, Cetus, Genentech, Agrigenetics, Hybritech et Syntex ont obtenu un total de plus de 250 millions de dollars. En informatique, Gene Amdahl a réuni 55 millions de dollars pour lancer Trilogy Systems Corp ; Cummings Engine Co, 22 millions de dollars pour le développement d'un nouveau moteur Diesel. Même Boeing, Lockheed, McDonnell-Douglas ou National Steel Corporation font appel aux RDLP.

La tâche n'est pas insurmontable pour adapter en France de telles structures. Des aménagements juridiques et fiscaux sont évidemment essentiels. Déjà, certains pays européens ont créé des commissions de juristes et d'experts fiscaux pour étudier la transplantation des RDLP. Il serait temps de constituer en France une commission spécialisée dans l'étude du partenariat à responsabilité limitée et de son impact sur l'innovation technologique et industrielle.

LES NOUVEAUX COMPTABLES

A l'occasion de grands programmes de coopération internationale, les pays développés peuvent être amenés à comparer leurs capacités respectives en matière de recherche et de développement. Or les évaluations dont on dispose restent le plus souvent qualitatives : telle recherche est considérée comme « meilleure », plus « créative », plus « innovatrice », conduisant par exemple à des brevets exploitables par des industriels. Il manque, de toute évidence, une référence à des indicateurs quantitatifs permettant de mesurer les retombées à long terme de grands programmes de financement de la recherche, et de guider ainsi les politiques nationales de la science et de la technologie.

Grâce à l'informatique documentaire, on dispose aujourd'hui de données brutes susceptibles d'être analysées, comparées, extrapolées. Depuis plus de dix ans, en effet, des millions de références scientifiques et techniques extraites de milliers de journaux spécialisés internationaux sont stockées dans des bases de données. Ce « gisement de connaissances » peut être exploité par ordinateur. On peut ainsi répondre à des questions qui auraient jadis demandé un travail de bénédictin à des armées de documentalistes : combien de publications sont faites chaque année par un pays dans un domaine défini ? Combien de fois tel article est-il cité par d'autres auteurs ? Quel est le nombre et la proportion de publications faites par des chercheurs ou des organismes de recherche français dans les grands journaux scientifiques internationaux ? Peut-on mesurer l'impact d'un accroissement du financement de la recherche publique et privée sur le rayonnement et l'influence internationale d'un pays ?

Une entreprise américaine s'est spécialisée dans ce que l'on appelle désormais la « bibliométrie », c'est-à-dire l'analyse quantitative de données bibliographiques informatisées à l'échelle internationale. Il s'agit de l'Institute for Scientific Information (ISI) de Philadelphie, dont le président et fondateur Eugene Garfield est, à juste titre, considéré comme un pionnier dans ce domaine. Une étude internationale réalisée à partir de la base de données *Science Literature Indicators* de la National Science Foundation (NSF) a été rendue publique par la revue *Nature* en septembre 1985. Elle permet de comparer les résultats de recherches menées par les pays publiant leurs travaux dans plus de 2 000 revues scientifiques nationales et internationales.

Trois principaux facteurs ont été pris en considération : la part détenue par un pays dans le nombre total d'articles publiés, tous domaines confondus ; la part d'un pays dans le nombre total de citations faites à partir des travaux de ses chercheurs ; la part d'un pays dans le nombre total de brevets déposés à l'échelle internationale.

Rayonnement international, qualité des travaux, créativité et innovation peuvent devenir, en principe, des critères mesurables. Il convient cependant d'établir les limites de ces analyses avant d'en tirer des conclusions trop hâtives. Ces études partent en effet de l'hypothèse que les recherches susceptibles de conduire à des retombées importantes sont publiées, ce qui n'est pas toujours le cas, notamment pour la recherche industrielle. Le taux de citations sur lequel elles s'appuient ne donne évidemment qu'une vue schématique de l'influence scientifique d'un pays. Ces études peuvent être également biaisées par le fait que l'ISI prend surtout en compte les parutions en langue anglaise, ce qui conduit probablement à sous-estimer le nombre de publications des chercheurs français, japonais, allemands ou soviétiques, qui écrivent très souvent dans leurs journaux nationaux. Enfin, des revues récemment créées ainsi que des petites spécialités de nature interdisciplinaire ne sont pas prises en compte, ce qui ne traduit pas suffisamment l'émergence de secteurs de pointe au sein desquels une recherche nationale peut se distinguer.

Ces réserves faites, que nous apprennent les analyses publiées par *Nature* ? Au cours d'une période d'environ dix années (de 1973 à 1982), on constate que la part détenue par la France dans le concert des nations, quant au nombre total d'articles scientifiques, a diminué de 9 %. Certes, moins que l'URSS (− 15 %) et la Grande-Bretagne (− 10 %), mais plus que le Canada (− 8 %) et les États-Unis (− 3 %). Seule l'Allemagne fédérale (+ 2 %) et surtout le Japon (+ 40 %) ont vu s'accroître le nombre de leurs publications. En France, les disciplines qui ont connu la diminution la plus spectaculaire du nombre d'articles sont les sciences biologiques (− 30 %) et la recherche biomédicale (− 27 %). Par contre la physique (+ 8 %), l'ingénierie et la technologie (+ 31 %) ont considérablement renforcé leur position internationale.

Si l'on considère maintenant le nombre de citations par pays, tous domaines confondus, on constate que la part des grands pays industrialisés a considérablement diminué, notamment celles de l'URSS (− 27 %), de la Grande-Bretagne (− 15 %) et du Canada (− 7 %). Les seuls qui ont vu s'accroître le nombre de citations au bénéfice de leurs chercheurs, pendant la période considérée, sont la France (+ 8 %), l'Allemagne fédérale (+ 14 %) et surtout le Japon (+ 65 %). Un facteur encourageant pour notre recherche est l'accroissement du taux de citations, et donc la reconnaissance de la qualité de nos travaux, en physique (+ 13 %), en médecine clinique (+ 17 %) et en mathématiques (+ 29 %). La part détenue par la France dans le nombre total des brevets pris dans le monde s'est maintenue à un niveau assez faible, mais constant, de 8 %, tandis que celle de la Grande-Bretagne chutait en vingt ans de 20 à 8 %. Pendant la même période, le Japon passait de 10 à plus de 35 %.

Une corrélation lourde de signification a été établie par les sociologues britanniques entre les variations du financement global de la recherche en Grande-Bretagne et certaines retombées à terme. Une augmentation constante des crédits de recherche entre 1970 et 1972 a en effet conduit, trois ans après, à un accroissement du nombre de publications scientifiques et, à nouveau trois ans après, à un accroissement très sensible du nombre de citations. La diminution régulière des crédits de recherche qui a suivi, entre 1975 et 1980, a entraîné un déclin constant du nombre de publications et de citations.

De telles études bibliométriques doivent faire réfléchir sur la nécessité de créer de nouveaux indicateurs socio-économiques permettant notamment de mesurer la production et l'échange d'informations. Les premiers grands indicateurs concernaient surtout le commerce extérieur, en raison probablement des données et statistiques accumulées par les services des douanes. Par la suite, on a largement utilisé des indices tels que le coût de la vie, les taux d'inflation, de chômage, de croissance, l'équilibre de la balance des paiements, le produit national brut. Aujourd'hui, alors que nous entrons dans la société d'information et de communication, les bases de données informatisées et les réseaux de télécommunication permettent de suivre, d'analyser et même de quantifier les flux et les stocks d'informations. Une véritable comptabilité informationnelle et des statistiques régulières peuvent ainsi être tenues à l'échelle internationale. La mesure de ces flux d'information et les taux de croissance ou de déclin qui s'y attachent prendront certainement leur place parmi les indicateurs les plus significatifs des sociétés industrielles. Ils deviendront des outils essentiels aux décideurs dans la définition et le suivi des politiques nationales et internationales de la science et de la technologie. Ce type d'analyses et de statistiques est aujourd'hui effectué par des sociétés privées ou des fondations de recherche principalement américaines. Il apparaît désormais nécessaire que des organismes nationaux ou internationaux comme l'OCDE se dotent des équipements et des moyens leur permettant de publier régulièrement les nouveaux indicateurs de la société d'information.

LA GUERRE DES MATÉRIAUX

Les grands programmes technologiques internationaux, comme ceux de l'IDS ou d'Eurêka, seraient-ils des colosses aux pieds d'argile ? Les hautes technologies sur lesquelles ils reposent sont en effet fortement dépendantes de matériaux dits stratégiques, intervenant en petites quantités et essentiels aux industries de pointe — communications, informatique, aérospatiale ou instrumentation de précision. Ces matériaux sont principalement le cobalt, le chrome, le manganèse et le platine, dont l'approvisionnement régulier est à la merci d'une crise internationale avec les principaux producteurs : Afrique du Sud, URSS ou Zaïre. Cette menace économique potentielle suscite de graves inquiétudes aux États-Unis, en Europe et au Japon.

Le chrome, par exemple, est employé dans des alliages spéciaux (acier inoxydable), des peintures, des revêtements réfractaires et résistants à la corrosion (turbines). Il est surtout extrait en Afrique du Sud (40 % de la production mondiale), en URSS (30 %), puis au Zimbabwe, aux Philippines et en Turquie.

Le manganèse, essentiel dans la fabrication de l'acier, intervient également dans la composition de batteries. Le plus important producteur mondial est l'URSS, l'Afrique du Sud possédant 75 % des réserves mondiales (36 % des approvisionnements).

Le cobalt est indispensable à la fabrication de superalliages utilisés dans des pièces résistantes à haute température (tuyères de jets ou de fusées), dans les processus de raffinage du pétrole ou dans la production d'acier. Le Zaïre et la Zambie en sont les plus importants fournisseurs, suivis par le Canada, les Philippines, la Nouvelle-Calédonie, l'Indonésie et l'Australie.

Enfin, les métaux du groupe du platine (platine, palladium et iridium) interviennent dans des réactions catalytiques (pétrochimie, chimie lourde, industrie automobile pour la lutte antipollution), les télécommunications ou l'instrumentation médicale. Les États-Unis importent 49 % de leur platine d'Afrique du Sud (81 % des réserves mondiales), 15 % du Canada et 13 % d'URSS.

Globalement, les pays occidentaux se trouvent dans une situation de grande dépendance. L'Amérique, par exemple, importe 99 % du manganèse, 95 % du cobalt, 90 % du platine et 82 % du chrome, soit pour 1 milliard de dollars par an de ces quatre métaux. La France — qui a commencé en 1975 à stocker certains de ces métaux —, l'Allemagne fédérale et la Grande-Bretagne disposent de stocks coûteux pouvant durer quelques mois. Il est clair qu'un arrêt de l'exportation de ces produits par les pays producteurs créerait de graves perturbations industrielles et économiques internationales. L'Allemagne fédérale a estimé qu'une baisse des approvisionnements en chrome de 30 % sur une année risquerait de réduire son PNB de 25 %. On comprend pourquoi les menaces de boycott des importations venant d'Afrique du Sud — dans le but de marquer l'opposition à la politique d'apartheid — n'ont pas été suivies d'effets significatifs. Trois cents entreprises américaines, employant 100 000 personnes et représentant des investissements de 2,3 milliards de dollars, travaillent en Afrique du Sud. Le président Botha a récemment rappelé que l'arrêt des livraisons de chrome par son pays mettrait au chômage 1 million d'Américains. Quant au Japon, il a vendu l'an dernier pour 45 millions de dollars d'ordinateurs à l'Afrique du Sud, par l'intermédiaire de BASF ou Siemens. Ses échanges commerciaux avec ce pays, dont il est le deuxième partenaire après les États-Unis, ont atteint 3,4 milliards de dollars en 1985. Les importations de matériaux stratégiques sont jugées au Japon aussi importantes que les importations de pétrole.

Comment résister à de telles pressions économiques et stratégiques ? Pour répondre à cette question, il faut se demander si l'approvisionnement en matériaux stratégiques est aussi déterminant qu'il y paraît au premier abord. Une controverse s'est développée à ce sujet aux États-Unis à la suite d'études faites par l'Office of Technology Assessment (OTA) et par des experts du « Material Systems Lab » du MIT. Pour l'OTA, l'Amérique devrait mettre en œuvre, le plus rapidement possible, une politique de coopération plus étroite avec les pays producteurs, portant sur le recyclage ou la substitution de matériaux critiques et le développement de produits alternatifs. Pour les experts du MIT, les stocks à usage militaire sont largement suffisants face à toute menace éventuelle. Pour le secteur civil, les lois du marché jouant, une rupture dans l'approvisionnement enclencherait des mécanismes régulateurs, rendant rentables des filières jusqu'alors peu économiques, développant le recyclage et l'exploitation de ressources nouvelles.

La réalité est sans doute plus complexe. L'onde de choc d'une rupture d'approvisionnement, compte tenu de l'interdépendance des grands programmes technologiques et des économies internationales, peut s'étendre à l'ensemble des secteurs industriels des pays développés : automobile, construction, transports. Le secteur civil serait concerné autant que le secteur militaire. Des exemples sont là pour nous le rappeler : l'arrêt des exportations de chrome par l'URSS en 1949 ; l'embargo du cobalt en provenance de Rhodésie ou du nickel de Cuba dans les années 60 et, plus récemment, du cobalt du Zaïre. Or, l'économie mondiale était sans doute moins vulnérable à cette époque. Qu'en serait-il aujourd'hui ? Les résultats sont difficilement prévisibles. Que peuvent faire les pays les plus dépendants ? Certes, à court terme, les recommandations de l'OTA sont fondées. Mais à plus long terme ? La consommation de chrome et de platine, par exemple, va doubler d'ici à la fin du siècle. En l'an 2000, la fermeture des mines de manganèse au Brésil, au Gabon et en Australie rendra les États-Unis entièrement dépendants de l'Afrique du Sud et de l'Union soviétique.

Une des stratégies les plus sûres consiste à investir massivement en recherche et développement pour la mise au point de nouveaux superalliages, de nouveaux matériaux de substitution, ou pour l'amélioration des techniques de recyclage. Certains espoirs ont été placés dans l'exploitation des minerais de l'océan, en particulier des fameux nodules de manganèse, mais leur extraction est encore trop coûteuse, de même que pour les « minerais de l'espace » ramenés d'autres planètes. Une des voies les plus prometteuses est certainement la fabrication de matériaux composites, de plastiques et de céramiques ayant de grandes qualités de dureté, de résistance à la température ou à la corrosion. Les céramiques, par exemple, peuvent être utilisées dans des joints, roulements, outils de découpe, tuyères. Des plastiques résistant à 500° ou des composites carbone-carbone, dans des lames de rotors, des moteurs ou des turbines. Ces matériaux nouveaux représentent une chance réelle de réduire la dépendance des grands pays industrialisés. En effet, les matières de base qui interviennent dans leur fabrication ne sont généralement pas considérées comme « stratégiques » ou « critiques ». Ce qui l'est, par contre, ce sont l'information et le savoir-faire qui permettent de les combiner entre eux. Là se trouve peut-être la plus solide des protections. Juste retour des choses, la dépendance des hautes technologies vis-à-vis de quelques métaux pourrait se trouver réduite par les pays mêmes qui possèdent le plus grand savoir-faire technologique. Quelle sera alors la prochaine arme stratégique géopolitique ? Après le pétrole, le blé et les matériaux... l'information ?

DES ÉQUILIBRES FRAGILES
Les retombées de l'aventure industrielle

L'HUMEUR DU TEMPS

Dix degrés en août. Quinze degrés en janvier. Tempêtes de neige aux États-Unis. Inon-
dations records dans le Sud-Ouest de la
France. Le temps serait-il en train de changer ? Le climat perturbé de ces six dernières
années tendrait à le laisser supposer. Mais
quelles pourraient être les raisons d'un tel
bouleversement global ? Des effets à très long
terme, dus à l'activité solaire, ou à court
terme, attribuables aux activités des hommes ? Quelles que soient les réponses des
experts, il est clair que l'influence du climat
sur l'économie, et en particulier sur l'agriculture, la production d'hydroélectricité, la four-
niture d'eau, le commerce, le tourisme, ou certaines industries saisonnières, est déterminante.

Devant un problème aussi complexe que les
causes des modifications climatiques, il n'est
pas étonnant que les controverses soient

vives entre les partisans du rôle prépondérant du soleil et ceux qui attribuent la primauté à l'« effet de serre » du gaz carbonique, ou à la pollution atmosphérique résultant du développement industriel. Il n'est pas question, évidemment, de trancher ici entre les différentes hypothèses, mais plutôt de dégager quelques éléments de réflexion quant à l'importance croissante du facteur climatique sur certains aspects économiques et industriels des sociétés modernes.

Les changements climatiques ne sont pas dus à une cause prépondérante, mais à de multiples causes enchevêtrées. En effet, plutôt que de parler de climat, il faut considérer un « système », voire une « machine » climatique. Au comportement de ce système viennent se superposer des effets parasites, tantôt naturels, tantôt artificiels. On peut considérer quatre catégories de facteurs qui influencent probablement nos activités quotidiennes ou saisonnières par l'intermédiaire du climat.

Le soleil. Parmi les effets à long terme, il apparaît aujourd'hui que les cycles d'activité du soleil doivent être cités en priorité. Toute fluctuation dans l'intensité du rayonnement solaire affecte le bilan thermique de la Terre. C'est ce qui se produit probablement au cours du cycle de onze ans des taches solaires. Mais l'effet des radiations ionisantes peut être indirect ; le système constitué par la Terre, sa couche d'ozone, sa basse atmosphère, peut être comparé à un gigantesque circuit électrique, avec ses condensateurs, ses résistances et ses inducteurs. Les taches ou éruptions solaires pourraient influencer — par l'intermédiaire de l'ionisation de la haute atmosphère — la formation d'orages, de cyclones, et perturber ainsi le régime des vents. Un orage dégage autant d'énergie qu'une douzaine de bombes atomiques du type Hiroshima, et il se produit environ 45 000 orages par jour dans la basse atmosphère. Mais ces effets peuvent encore être modulés par le rôle des réservoirs de chaleur que constituent les océans et certaines mers intérieures. Enfin, les variations de l'orbite terrestre permettraient de rendre compte de certains cycles glaciaires. La tendance à long terme conduirait à un nouvel âge glaciaire dans l'hémisphère Nord.

Le gaz carbonique. Depuis des années, les spécialistes attirent l'attention sur le risque de réchauffement de l'atmosphère par suite de l'exploitation des combustibles fossiles (charbon, pétrole), libérant des quantités croissantes de CO_2. La combustion de 1 tonne de charbon libère environ 3 tonnes de CO_2. Le gaz carbonique piège la chaleur solaire dans l'atmosphère et produit l'« effet de serre ». Depuis la révolution industrielle, la quantité de CO_2 dans l'atmosphère s'est accrue de

13 %. Au taux actuel de progression de la consommation d'énergie (4 % d'augmentation en moyenne par an), elle aura doublé en cinquante ans. Quels en seront les effets ? D'abord, une nébulosité plus grande et plus répartie. Puis, conséquence la plus spectaculaire, une déglaciation de l'Antarctique Ouest, provoquant une montée du niveau des mers de 5 mètres environ, inondant des zones côtières et nécessitant le déplacement de dizaines de millions de personnes.

Les hommes. Les poussières et aérosols produits par l'agriculture intensive et certaines industries créent un écran capable de réfléchir la chaleur solaire. C'est ce qui expliquerait pourquoi, contrairement au réchauffement attendu, l'hémisphère Nord se serait refroidi depuis 1940. De plus, cet écran créerait une différence de température plus marquée entre les pôles et l'équateur, provoquant un bouleversement du régime des vents et des précipitations. Autre type de pollution due à l'activité des hommes, la chaleur excédentaire. Elle est particulièrement difficile à évacuer, surtout dans les grandes villes qui connaissent des modifications locales du temps. Enfin, les traînées des « jets ». A 6 000 mètres d'altitude, elles se transforment en cirrus atteignant parfois une largeur de 30 kilomètres en deux heures. Dans la région de Chicago, la nébulosité a augmenté de 10 %

depuis le début des années 60, dans les régions traversées par les couloirs aériens de l'aéroport O'Hare, un des plus chargés du monde. A raison de 700 vols par jour, le ciel finit par être entièrement voilé. Il en résulte une réduction de la température moyenne des zones considérées, une nébulosité et une pluviosité accrues.

Les volcans. Les éruptions volcaniques peuvent libérer dans l'atmosphère des masses considérables de matériaux, créant un voile capable de couvrir un hémisphère, voire la totalité du globe, pendant des années. Ce voile masque partiellement le rayonnement solaire et provoque une diminution de la température. En séjour à Paris, Benjamin Franklin avait émis l'idée que la rigueur de l'hiver 1783-1784 était due à l'éruption de volcans islandais. En 1816, le printemps et l'été furent si froids que la famine sévit en Allemagne et en France. Ces perturbations climatiques furent sans doute provoquées par les éruptions de la Soufrière (1813), de volcans des Philippines (1814) et d'Indonésie (1815). En 1883, celle du Krakatoa abaissa la température moyenne du globe de 0,3 °C en trois mois. Plus récemment, les éruptions du mont Saint Helens, en mai 1980, et d'El Chichon au Mexique, en mars-avril 1982 — dix fois plus « sale » que celle du mont Saint Helens —, conduisent déjà à des modifications du temps. Les experts avaient prévu des pluies diluviennes en Californie au printemps 1982 et un début d'hiver catastrophique aux États-Unis. Les faits semblent leur avoir donné raison.

Ces différents exemples montrent la complexité des problèmes posés par la variation des conditions climatiques à l'échelle du globe. Nous parvenons tout juste à obtenir des prévisions suffisamment fiables sur des durées de quelques jours. Nous apprenons aussi peu à peu à modifier volontairement le climat, ce qui pourrait constituer une véritable arme économique, en raison de l'impact potentiel qu'elle aurait sur les récoltes d'un pays. Mais comprendre ce qui change le climat demeure une tâche immense : le système climatique a atteint un état d'équilibre dynamique. Il se modifie et s'adapte au moment même où on l'étudie.

Une meilleure connaissance de cet extraordinaire « organisme vivant » ne pourra être obtenue que grâce à une vaste coopération internationale, conduisant à la construction de stations de mesures réparties sur toute la surface du globe, à l'utilisation de satellites météorologiques perfectionnés et à la mise en œuvre de puissants ordinateurs pour la simulation et la prévision.

LE VENT DE L'AVENIR

Depuis quelque temps, on parle beaucoup moins, en France, des énergies nouvelles. Il est clair que les efforts considérables accomplis pour le développement et la promotion du programme électronucléaire (65 % de notre électricité), ainsi que le coût relativement bas du kWh nucléaire, ont contribué à « geler » le développement de technologies alternatives. Le débat « tout nucléaire » contre « tout solaire », en partie dépassé, occulte une des conditions essentielles de l'essor des énergies nouvelles : l'intégration de technologies et de matériaux de pointe dans des systèmes interdépendants et complémentaires. Une telle approche, applicable à différentes formes de production d'énergie solaire directe et indirecte, peut être illustrée par la transformation de l'énergie du vent en électricité par des aérogénérateurs de grande capacité. Le plus grand aérogénérateur d'Europe (3MW) a été mis en service en 1983 à Wilhelmshaven, en Allemagne fédérale. Pourtant, l'énergie éolienne fait encore sourire. Chacun se souvient des déboires de la machine installée par EDF à l'île d'Ouessant et dont les pales furent détruites par une tempête. On en a conclu que la technique n'était pas encore au point... Et pourtant, dans le monde, on continue à poursuivre de nombreux programmes de recherche et d'essai, notamment aux États-Unis, en Grande-Bretagne, en Allemagne fédérale, en Suède, au Danemark, en Hollande. Ce qui frappe, à l'étranger, c'est la continuité des politiques et des financements.

Quelques faits et quelques chiffres : le programme américain, lancé par la National Science Foundation, le Department of Energy et la NASA est en plein développement. Des contrats ont été passés entre les grandes agences gouvernementales et l'industrie aérospatiale (Boeing, Lockheed, General Electric, Hamilton Standards, Bendix, Westinghouse, Aluminium Corp. of America) pour les programmes MOD des grands aérogénérateurs de 2 et 2,5 MW (MOD 1 et 2) à 7,5 MW (MOD 5). Une autre orientation activement poursuivie est celle des « wind farms », les fermes d'éoliennes, florissantes en Californie, où des centaines d'aérogénérateurs groupés devraient produire 7 700 MW, soit 10 % de l'électricité californienne, à l'horizon 2000.

En Allemagne fédérale, le programme Growian, financé par le ministère de la Science et de la Technologie (BMFT), a déjà engagé l'équivalent de 400 millions de francs. L'aérogénérateur de 3 MW construit par la société Maschinenfabrik-Nürnberg pour un coût de 60 millions de francs, aujourd'hui opérationnel, fournira de l'électricité à 2 500 maisons.

En Grande-Bretagne, les projets gouvernementaux confiés au Central Electricity Generating Board (CEGB) prévoient la mise en service d'un aérogénérateur de 160 kW avec pales de 25 m construit par MacAlpine à Carmarthen Bay, dans le pays de Galles. Si les essais sont satisfaisants, une machine de 3 MW avec pales de 100 m sera construite.

La société belge HMZ a vendu aux États-Unis près de 700 aérogénérateurs d'une puissance de 100 à 500 kW, et a construit une nouvelle usine pour faire face à la demande.

Le programme hollandais réunit deux technologies complémentaires : le vent et l'hydroélectricité. Son but est de parvenir à harmoniser les discontinuités de l'énergie éolienne avec les fluctuations de la demande en électricité, en combinant énergie du vent et stockage de l'eau en altitude. Le projet, proposé en 1979 par l'ingénieur Luuk Lievense, et qui a été en partie adopté par le gouvernement, prévoit l'installation à Markermeer, près du Zuiderzee, de 500 aérogénérateurs couplés au réseau ou pompant de l'eau dans un réservoir de 27 km² situé à 24 m au-dessus du niveau du lac ; ce qui permettra, par l'intermédiaire d'une conduite forcée de 50 km, de produire 1 200 MW. Le projet coûtera, dans sa totalité, 24 milliards de francs, mais il rendra possible une économie de 2,6 milliards de francs de pétrole importé. Un « parc à vent » pour tester le projet sera construit à Sexbierum, près de la mer du Nord. Des aérogénérateurs de 1 MW et de 3 MW sont en développement chez FDO, Fokker et Holecto. Il est prévu d'en installer de 1 000 à 1 500 d'ici à l'an 2000, ce qui permettra de fournir 8 % des besoins du pays en électricité.

Comment la France se situe-t-elle dans cette compétition internationale ? Grâce aux efforts de l'Agence française pour la maîtrise de l'énergie, elle tente de combler son retard. Le Centre national d'essais éoliens de Lannion a été implanté à Trébeurden. Le projet d'une éolienne de 100 kW est repris avec, notamment, la société Ratier-Figeac (constructeur des hélices du Transall), la division « hélicoptères » de la Snias pour les fibres composites des pales et l'Onera pour les calculs. Un projet plus ambitieux d'un aérogénérateur de 500 kW à 1 MW comportant des pales de 40 m est à l'étude avec Latécoère et la Snias. Une ferme de dix éoliennes de 18 m de diamètre a été mise en service en 1985 au cap

Pertusato, en Corse. Les crédits de l'AFME pour le programme éolien (15 millions de francs en 1983) ont été reconduits au même niveau en 1985. Il existe en France environ 200 000 sites susceptibles d'être équipés en aérogénérateurs ; 2 000 aérogénérateurs de 2 MW permettraient de produire 4 000 MW, soit près de 10 % des besoins de la France en électricité.

Avec sept ans de retard par rapport aux essais de machines équivalentes aux États-Unis et avec un budget dix fois inférieur au montant dépensé en une seule année par l'Allemagne fédérale, sommes-nous vraiment dans la course ? La leçon que l'on peut tirer du développement international des aérogénérateurs de grande puissance est valable pour d'autres technologies solaires : tout processus d'apprentissage nécessite une phase d'essais et d'erreurs. Toute expérience devient donc un investissement pour l'avenir. Pour certaines énergies nouvelles comme les grands aérogénérateurs, nous n'avons pas toujours su investir à temps, manquant ainsi l'occasion de bénéficier de progrès réalisés dans des domaines voisins : apport de la recherche aérospatiale ; impact des nouveaux matériaux (cas des pales des aérogénérateurs) ; technologies hybrides et complémentarité des solutions (cas des énergies éoliennes et hydroélectriques) nécessitant une approche « système » utilisable dans d'autres domaines ; rôle de l'informatique pour les calculs, les simulations, les régulations.

En concentrant nos moyens sur des grandes filières comme l'électronucléaire, on risque de stériliser l'humus fertile constitué par le foisonnement des projets alternatifs, catalyseurs de technologies nouvelles, de matériaux performants ou d'approches intégrées favorisant l'innovation et, en définitive, la création d'emplois et l'exportation dans des secteurs industriels devenus compétitifs.

DE LA DIOXINE A LA LOI

La dioxine de Seveso, après son triste périple en France, a été définitivement éliminée. Mais un malaise persiste, dépassant les problèmes industriels, politiques ou éthiques de l'« affaire Seveso ». Un malaise créé par un vide juridique béant, à l'échelle internationale, non seulement pour la protection des populations, mais surtout pour la défense et le dédommagement des victimes de pollutions toxiques ou de catastrophes écologiques majeures. Une législation adaptée à ces questions est difficile à développer et à mettre en œuvre, mais son élaboration pose des problèmes passionnants, à la frontière de la biologie, de la médecine et du droit.

L'épidémiologie a fait des progrès importants au cours de ces dernières années. Aidée par l'informatique, elle permet de mieux comprendre les relations entre les causes et les effets à long terme de l'exposition à des agents toxiques, mutagènes ou cancérogènes. Imaginons que, lors du stockage de la dioxine à Anguilcourt-le-Sart, des fûts défectueux aient relâché leur poison chimique dans le sol, et que, par l'effet des eaux d'infiltration, la dioxine ait gagné le puits ou la citerne d'une ferme ou de l'école voisine. Certes, il aurait été possible de dédommager les personnes atteintes de chloracné (il y en a eu 30 000 à Seveso). Mais qu'en aurait-il été d'effets à plus long terme, tels que des malformations génétiques, voire certaines formes de cancer ? La dioxine est un agent « promoteur » plutôt qu'un cancérogène direct. Elle doit donc être associée à d'autres substances pour provoquer éventuellement des cancers. Ce n'est qu'au bout d'une longue période que des effets de ce type peuvent se manifester. Mais, même à ce stade, comment être certain des relations de cause à effet ? Vers qui les victimes se seraient-elles alors retournées ? Qui les aurait dédommagées ?

Plusieurs cas faisant intervenir des expertises médicales ont été portés devant les tribunaux. La société Dow Chemical a été contrainte par un tribunal de San Francisco à verser 5 millions de dollars à six ouvriers de la société Occidental Chemical Co, qui n'avaient pas été suffisamment informés par Dow des dangers d'une exposition prolongée à un de ses pesticides, le DBCP. Il a été démontré que ce produit pouvait causer, dans certains cas, une stérilité chez l'homme.

On se souvient également du scandale de Minamata, au Japon, en 1956, où 1 500 personnes furent intoxiquées et 234 tuées par du méthyl-mercure provenant d'effluents industriels et se retrouvant dans le poisson, qui constituait l'alimentation de base des résidents de la baie. Les procès intentés aux industriels ne furent gagnés qu'en 1973 et conduisirent à une législation exemplaire pour l'indemnisation des victimes. En France, en 1972, l'affaire du talc Morhange est restée célèbre : du talc contaminé par de l'hexachlorophène fit 204 victimes et entraîna la mort de 36 enfants. En 1981, du talc contaminé par de la « warfarine », un raticide puissant, a causé l'empoisonnement de 741 enfants vietnamiens : 177 d'entre eux sont morts.

Le cas de la petite ville de Woburn, dans le Massachusetts, est typique : 34 plaignants faisant partie de 8 familles attaquent la société chimique Grace, accusée d'avoir contaminé leurs puits par du trichloréthylène, agent cancérogène. Aujourd'hui, chacune de ces 8 familles compte une personne atteinte de leucémie ou déjà morte de cette maladie.

D'autres procès, actuellement en cours, conduisent à de véritables imbroglios juridiques. Des ouvriers des chantiers navals américains exposés à l'amiante, au cours de la Seconde Guerre mondiale, attaquent en justice la Manville Corporation, premier producteur américain. 16 500 procès sont instruits et 52 000 prévus, ce qui représentera près de 2 milliards de dollars d'indemnisations. La Manville Corporation a d'ailleurs été déclarée en faillite à la suite de ces procès. Les anciens combattants de la guerre du Viêtnam exposés à l'« agent orange » — défoliant utilisé par l'armée américaine et contaminé par de la dioxine — intentent également des procès au gouvernement des États-Unis.[1]

Les consommateurs, eux aussi, sont souvent exposés. Quelques faits ont frappé l'opinion publique internationale : des millions de femmes ont été traitées par du DES, une hormone de synthèse utilisée pour lutter contre les fausses couches, mais capable, dans un cas sur dix mille, de provoquer des cancers du vagin chez leurs filles. Le tris-BP, produit ignifuge dont étaient imprégnés les pyjamas de jeunes enfants pour réduire les risques de brûlures graves en cas d'incendie, mais suspecté par la suite d'être cancérogène, était absorbé par la peau et se retrouvait dans les urines des enfants. Et combien d'autres pro-

---

1. La catastrophe de Bhopal en Inde (qui a tué 2 000 personnes et intoxiqué 200 000 autres le 2 décembre 1984) coûtera 350 millions de dollars à la firme Union Carbide, le gouvernement indien demandant un milliard de dollars de dommages et intérêts.

duits utilisés par des millions de consommateurs, allant du 5-méthoxy psoralène de certains produits solaires à la trop célèbre huile espagnole (20 195 victimes, 2 250 malades en rééducation, 339 morts).

Certes, il ne s'agit pas de dramatiser la situation en considérant que toute substance de synthèse est un agent cancérogène en puissance. Mais les cas déjà reconnus et les procès en cours doivent nous faire prendre conscience de ce fait : un accident du travail ou un accident de la voie publique peut généralement être relié à une cause facile à identifier. Ses conséquences sont perceptibles au bout d'une période relativement brève. Il n'en est pas de même des effets résultant de causes multiples et s'exerçant sur de longues durées, effets typiques de l'action des agents chimiques ou physiques dont il a été question. La législation actuelle, bien qu'insuffisante, est mieux adaptée à la première catégorie d'accidents qu'à la seconde. Et pourtant, un cancer dans une famille, une malformation génétique chez un nouveau-né peuvent eux aussi résulter d'accidents du travail ou d'une exposition à un produit dangereux présent dans l'environnement, et sont donc aussi dramatiques que ceux habituellement traités par les lois en vigueur.

Malheureusement, la science et le droit forment un couple aux relations difficiles et parfois conflictuelles. Les conclusions de la biologie ou de la médecine modernes ne sont jamais tout à fait tranchées, mais en demi-teintes... alors que la cour et les jurés demandent des conclusions en noir ou blanc. La loi japonaise promulguée après l'affaire de Minamata a cherché à établir une relation entre le développement industriel et ses conséquences sociales, en particulier sur la santé publique. Il est urgent de parvenir à mettre au point des textes de lois capables de protéger les individus en reliant risques industriels modernes et sécurité sociale — au sens premier du terme. Certes, il convient aussi d'éviter les abus : une législation trop laxiste ou trop contraignante multiplierait les procès et causerait des torts considérables aux industriels. Mais il est nécessaire de se pencher sur un tel problème à l'échelle internationale. De nouvelles institutions pourraient voir le jour. Pourquoi pas un institut international du droit de l'environnement ? Une des retombées des grandes crises écologiques que nous traversons — de l'*Amoco Cadiz* à la dioxine — est de nous faire prendre conscience de la nécessité d'une telle concertation internationale. Il ne s'agit plus en effet de la seule morale des groupes, ou d'éthique industrielle, mais de la préservation du patrimoine génétique de l'espèce humaine.

PANNE D'ÉLECTRONS

Une catastrophe électronique paralysant ordinateurs et télécommunications pourrait-elle se produire demain ? Celle qui a bloqué l'activité de plusieurs grandes villes japonaises incite à la réflexion sur les causes et les conséquences des nouvelles maladies des sociétés industrielles parvenues à un degré élevé de complexité technologique.

Il est vrai que la croissance et l'expansion industrielles nous ont plus généralement exposés à des catastrophes pétrolières, nucléaires ou chimiques (Seveso, *Amoco Cadiz*, Three Mile Island, Mexico, Bhopal), provoquant tantôt des milliards de francs de dégâts, tantôt, malheureusement, des milliers de morts. Leurs ravages s'étendent non seulement dans l'espace mais aussi dans le temps. Que sait-on des effets de Seveso, Bhopal ou Three Mile Island sur les générations à venir, en particulier dans le cas de mutations du patrimoine génétique ou d'exposition régulière à de faibles doses de radiations ? Autre risque technologique, les gigantesques pannes d'électricité. Le black-out de New York, à l'automne 1977, est encore présent dans les mémoires. L'étude de ses conséquences industrielles, économiques et sociologiques se poursuit aux États-Unis. Des centaines d'articles et même des livres lui ont été consacrés. En France, au plus fort de la récente vague de froid, au moment où les turbines d'EDF tournaient à plein régime, on ne pouvait s'empêcher de songer aux effets d'une panne générale d'électricité qui nous priverait brutalement de chauffage, de lumière, de télévision, d'ascenseurs, de transports en commun, de services administratifs et bancaires, de certains soins hospitaliers, d'aliments périssables...

Que penser d'une catastrophe qui ne serait plus chimique ou « électrique » mais « électronique » ? Sans pertes en vies humaines et sans désastre pour l'environnement, ses conséquences économiques et sociales pourraient cependant être profondes. Voici un exemple de ce qui nous attend peut-être au détour d'une simple panne d'ordinateur.

L'an dernier, dans la région de Tokyo, la négligence d'un réparateur qui soudait des conduites près des gaines de câble d'un central téléphonique provoqua un incendie et détruisit en quelques minutes 90 000 liaisons téléphoniques ou télex. L'interruption de l'accès aux banques de données bloqua immédiatement toute opération bancaire et affecta l'ensemble du monde des affaires. La Mitsubishi Bank, la quatrième banque japonaise, a stoppé ses opérations dans la totalité du pays, après que l'incendie eut coupé la liaison avec son ordinateur central (qui renferme les détails de 6 millions de comptes et enregistre 200 000 transactions par jour) et le bureau chargé de la distribution de ces informations dans 217 agences réparties dans le pays. Les opérations de trois autres des cinq plus grandes banques du pays ont été stoppées ainsi que les comptes d'épargne de 48 bureaux de poste. Les entreprises et commerces de la région ont connu des journées de panique : une entreprise de messagerie a été coupée de son ordinateur gérant l'acheminement et la livraison de 600 000 paquets par jour. Des hôpitaux ont perdu un certain nombre de dossiers médicaux envoyés par facsimilés et télécopies. Les liaisons entre des agences de presse et leurs bureaux étrangers ont été interrompues. De grands magasins ont vu s'évanouir des commandes par carte de crédit, télex et téléphone, tandis que les supermarchés étaient dans l'impossibilité de passer leurs commandes pour des produits périssables. Les habitants de la banlieue de

Tokyo se sont retrouvés d'un seul coup privés de téléphone, obligés de se déplacer jusqu'aux commissariats pour déclarer accidents, vols et incendies. Les PTT japonais (NTT) ont engagé une armée de messagers pour transférer les informations entre les bureaux de poste et les résidents. Une liaison spéciale par satellite a été installée, et 800 cabines publiques placées dans les rues. Afin de remettre en fonctionnement les télécommunications vitales pour l'économie du pays, la NTT a engagé 10 000 hommes par jour de travail en une semaine.

Le bilan économique a été lourd. Des centaines d'entreprises « sinistrées » se sont plaintes en effet du faible montant des compensations, fondées sur des mesures instaurées il y a trente ans et qui sont aujourd'hui totalement inadaptées.

Cet événement montre que nous ne sommes plus à l'abri d'une catastrophe électronique ou informatique, accidentelle ou provoquée. Le fonctionnement défectueux d'une seule puce dans un ordinateur du système de défense américain — comme cela a failli être le cas — peut conduire à la « détection » de fusées ennemies et à une catastrophe nucléaire résultant, en définitive, d'une simple panne électronique. Des commandos terroristes pourraient paralyser les communications d'un pays. Une protection contre un tel risque repose actuellement sur l'information (et donc sur le niveau d'éducation) nécessaire pour saboter efficacement quelques ordinateurs vitaux. Autre perspective, celle d'un monde plongé dans le chaos électronique à la suite de l'explosion, dans la haute atmosphère, d'une nouvelle bombe nucléaire « propre », développée par les États-Unis et l'URSS : la bombe à effet EMP *(Electromagnetic Pulse).* Cette explosion produirait un champ électromagnétique intense pendant une durée très courte, sans dégagement de radiations mortelles pour les êtres vivants, mais qui paralyserait en quelques millièmes de seconde toute communication électronique, le fonctionnement de tous les ordinateurs, de toutes les puces, depuis celles des montres digitales jusqu'à celles des pacemakers, en passant par celles des appareils de contrôle et de mesure des laboratoires scientifiques ou des récepteurs radio et télé de chaque foyer. Aucun système électronique non protégé ne pourrait résister à la bombe EMP, automobiles, équipements domestiques et bureautiques, mémoires de banques de données, machines industrielles automatiques et évidemment systèmes d'armes, satellites et fusées — ce qui réduirait à néant les efforts déployés pour la « guerre de l'espace ».

De telles catastrophes électroniques,

actuelles ou potentielles, rappellent que plus un système est complexe, plus il est fragile. Des ordinateurs sont aujourd'hui reliés à l'échelle internationale pour des transactions financières, la régulation de l'économie, le commerce international, la défense, les réseaux de télécommunication, la recherche scientifique, la gestion des voyages et des réservations. Les risques de paralysie de ces fonctions essentielles sont considérés comme suffisamment élevés pour inciter plusieurs pays à renforcer actuellement la protection de leur « système nerveux » électronique.

SOCIÉTÉ SOUS SURVEILLANCE

Roissy, police des frontières. Le dernier appel pour l'avion de New York vient de retentir. Jean-Pierre D., cadre dans une grande entreprise de recherches pétrolières, est pressé. Le policier de service place sa carte d'identité sur un terminal spécial : l'ordinateur central détecte immédiatement plus de dix contraventions impayées. Palabres, énervement, deux heures de retard. Une journée perdue.

Martine Z. travaille dans une agence de publicité pourvue d'un standard téléphonique informatisé. Elle est en conflit avec son directeur, qui lui reproche le coût de ses communications avec l'étranger, dont les numéros, dates et durées ont été enregistrés par l'ordinateur. Elle doit apporter la preuve que ces communications sont bien en relation avec son travail.

Josef Van M., grand éditeur hollandais, discute avec son associé par le radiotéléphone de sa voiture. Les questions traitées sont délicates et mettent en cause plusieurs personnes. La conversation, enregistrée par des radio-amateurs, est publiée dans une revue à scandale. De nombreux contrats sont perdus pour la maison d'édition.

Ces quelques exemples sont inspirés de faits réels. Leurs effets, certes, sont mineurs, mais on pourrait multiplier les cas. Ils indiquent que nous sommes de plus en plus fréquemment surveillés, mis en fiches, contrôlés, enregistrés, généralement à notre insu. La surveillance électronique se banalise. Elle n'est plus réservée aux professionnels du renseignement politique ou industriel et concerne désormais chacun de nous. C'est pourquoi nous devons la connaître et en mesurer les risques avant qu'elle ne mette en danger des libertés fondamentales.

La France a joué un rôle de pionnier dans l'établissement d'une législation destinée à protéger la vie privée contre les abus résultant du traitement électronique des grands fichiers informatisés. La Commission nationale de l'informatique et des libertés, créée il y a près de huit ans, a exercé une fonction déterminante, notamment pour faire interdire l'interconnexion des fichiers (Sécurité sociale, casier judiciaire, carte d'identité, renseignements généraux, assurances, banques, cartes de crédit, ventes par correspondance...) et rendre obligatoire leur déclaration. Mais aujourd'hui, la surveillance électronique ne se cantonne plus aux seuls grands fichiers informatisés. En raison des progrès des télécommunications, de la télématique, de la monétique ou de l'électronique grand public, les risques pour les particuliers sont plus grands que jamais. Pour s'en assurer, il suffit de prendre quelques exemples s'appuyant sur des technologies existantes ou qui seront opérationnelles dans un proche avenir.

Une revue hollandaise a publié en juin 1985 la recette pour identifier, repérer et enregistrer toute communication radiotéléphonique, grâce à un scanner (il en existe 600 000 dans le pays) et un micro-ordinateur. Cette recette peut être appliquée à la plupart des réseaux utilisés en Europe. Le système de téléphone mobile par « radio cellulaire », lancé en France par Matra, permet théoriquement de localiser chaque utilisateur. Un employeur, par exemple, pourra connaître à chaque instant la position des personnes utilisant un des radiotéléphones de l'entreprise.

La télématique se banalise. Le Minitel rend plus facile l'accès aux bases de données et aux messageries électroniques. Mais avec lui augmentent les risques de piratage. Les fichiers des grandes entreprises, des banques, les « boîtes aux lettres » électroniques peuvent être « visités ». À l'inverse, les grands serveurs ont la faculté de connaître avec précision non seulement qui les appelle, combien de temps dure la connexion, mais aussi quels fichiers ou sujets sont les plus fréquemment interrogés. Dans l'entreprise, une surveillance insidieuse peut également s'exercer. L'exemple du standard donné plus haut est significatif, mais l'utilisation des systèmes de traitement rend possible une mesure de la « productivité » des secrétaires. Avec le télétravail, la surveillance pourra être plus étroite.

La carte de crédit permet, elle aussi théoriquement, de « suivre » les activités d'une personne : lieu d'achat d'un bien ou d'un service, montant, type d'achat, fréquence, etc. La carte à mémoire va généraliser la transaction monétaire, depuis une simple cabine téléphonique ou d'un terminal associé à un Minitel. Là encore, un ordinateur gardera une trace... La surveillance électronique repousse encore ses limites : les communications interentreprises par micro-ondes, qui se généralisent, notamment aux États-Unis, peuvent être interceptées, de même que les impulsions des ordinateurs à travers les murs.

La miniaturisation des micros et caméras, les capacités d'enregistrement automatique ouvrent un domaine nouveau et inquiétant, celui de la surveillance mutuelle des particuliers. La panoplie du parfait James Bond est en vente libre et sa publicité s'étale sur les pages de magazines à large diffusion. Dans certains pays, la dénonciation est encouragée pour les infractions au code de la route et pour des cas tels que le trafic de drogue ou la fraude fiscale. De quoi inciter les particuliers à s'équiper du matériel adéquat... Les caméras vidéo qui enregistrent nos faits et gestes dans les banques, magasins, parkings nous ont habitués à ce que notre image soit conservée quelque part à notre insu. Peut-on imaginer qu'un jour prochain on sera en mesure, à partir d'une conversation téléphonique, de savoir si une personne dit la vérité en analysant le stress de sa voix ? De connaître et conserver les caractéristiques génétiques d'un individu à partir d'une analyse de l'ADN prélevé sur quelques cellules lors d'une banale prise de sang ?

Certes, il ne faut pas dramatiser. La surveillance électronique moderne est essentielle pour la sécurité civile ou militaire, la prévention des vols, des infractions, la protection des personnes âgées, le « monitoring » médical ou le sauvetage en mer. Les cartes de crédit ont transformé le commerce et les voyages, tandis que la téléconsultation et la télétransaction bancaires sont peut-être en passe de bouleverser l'épargne et le crédit. Des lois permettant la vérification par les citoyens des fichiers les concernant existent, comme celle du 6 janvier 1978 en France ou le 1984 Privacy Act aux États-Unis. Mais il convient de rester vigilant. En effet, les systèmes électroniques et informatiques transcendent le temps et l'espace. Ils permettent la réutilisation, dans un contexte politique ou social différent, d'enregistrements faits à un moment donné. Ils sont de plus en plus répandus et faciles à exploiter. Notre capacité à nous isoler, à échapper à cette surveillance quotidienne se réduit. C'est pourquoi des mesures globales sont à prendre sans tarder. Le public doit être informé des lieux et conditions dans lesquels de tels systèmes sont en service. La défense des personnes dont les droits auront été violés devra être renforcée. Des associations d'usagers devront se constituer pour contrôler les fonctions des différents systèmes de surveillance et dénoncer les utilisations abusives. Peut-être faudra-t-il désormais apprendre à vivre dans un monde où une certaine forme de secret et de confidentialité sera bannie ? Car, malheureusement, il va nous falloir vivre longtemps sous surveillance...

L'ARBRE ET LE POLITIQUE

Les arbres meurent inexorablement dans les forêts d'Europe et d'Amérique. Et nous assistons, presque impuissants, à cette catastrophe écologique. Quoi de plus symbolique pour représenter les fragiles équilibres entre la nature et l'espèce humaine que la relation entre les arbres et les hommes ? La maladie de l'environnement qui affecte les forêts est due à l'interdépendance de plusieurs facteurs, comme certaines des grandes maladies qui frappent aujourd'hui les hommes. Devant elles, médecins ou politiques se trouvent désorientés, car elles exigent de nouvelles formes d'analyse et d'action.

Dès 1970, l'attention avait été attirée par les Suédois sur la mort des arbres et des lacs. Une convention concernant la pollution à longue distance fut signée en novembre 1979 par plusieurs pays européens, mais aucune disposition législative ne fut prise. Ce furent les

Verts, nouvellement élus au Bundestag, qui exercèrent une forte pression sur l'opinion publique allemande. Ils avaient pour cela de bonnes raisons : plus du tiers des forêts d'Allemagne fédérale était en train de mourir, une proportion qui atteint actuellement 50 %. En une année, on a assisté à un quadruplement des dommages, évalués à 200 millions de dollars par an. Après l'Europe centrale (Pologne, Tchécoslovaquie, RDA) et la RFA, la maladie gagne la Suisse (un tiers de la forêt touché), la Suède, l'Italie, la France — où 25 % des sapins des Vosges en ont déjà subi les ravages. Ce sont surtout les sapins, les épicéas, les pins sylvestres qui sont atteints. Les aiguilles et les feuilles jaunissent, une défoliation importante s'ensuit, puis l'arbre meurt. Les hêtres et les chênes sont eux aussi progressivement touchés.

Les experts ont aussitôt incriminé les « pluies acides », expression qui devait contribuer à la prise de conscience de la catastrophe dans l'opinion publique. Ces pluies sont dues aux retombées des émissions des centrales thermiques au fuel (renfermant du dioxyde de soufre, SO_2) et des gaz d'échappement des automobiles (100 millions sont actuellement en circulation en Europe), qui contiennent principalement des oxydes d'azote (NOx). La notion de pluie acide est aujourd'hui quelque peu dépassée. La maladie des arbres est due à une synergie entre plusieurs facteurs. Il s'agit surtout des polluants atmosphériques, SO_2, NOx, mais aussi de l'ozone, O_3 (résultant de la décomposition du dioxyde d'azote, NO_2, par le rayonnement ultraviolet). L'ozone, en fragilisant la « peau » des feuilles et des aiguilles (la cuticule), permet aux pluies acides de « lessiver » le magnésium — constituant de la chlorophylle — et le calcium, qui jouent un rôle essentiel dans la vie des arbres. Mais il faut également tenir compte des conditions climatiques extrêmes de ces dernières années (périodes de sécheresse, grands froids), qui ont pu affaiblir les défenses des arbres vis-à-vis de certains prédateurs.

Comment lutter contre les ravages des effets combinés des polluants atmosphériques, des conditions climatiques et des prédateurs ? Le seul élément prévisible est évidemment la pollution atmosphérique, d'où le souci des gouvernements européens et américains de traiter le problème à la source, en contrôlant les émissions des centrales thermiques et des véhicules automobiles. Pour les centrales, les mesures mises en œuvre concernent l'emploi de combustibles à basse teneur en soufre et la désulfurisation des gaz. Pour les voitures, les experts ont proposé deux remèdes : le pot catalytique et les moteurs à combustion « maigre » utilisant un rapport

air/essence de 18 à 22/1, contre 15/1 actuellement. Mais un pot catalytique coûte
6 000 francs et son entretien 1 000 francs par
an. Il est trop cher par rapport au coût d'une
voiture de cylindrée inférieure à 1 400 cm^3. Il
exige une essence sans plomb et conduit à un
accroissement de consommation de 5 à 10 %.
Ce pot est soutenu par les Allemands, dont les
industriels sont bien placés : produit par
Degussa et Volkswagen-Audi, il nécessite un
allumage électronique fabriqué par Bosch.
Les trois autres constructeurs (italien, anglais
et français) ont un marché constitué en majorité de voitures de cylindrée inférieure à
2 000 cm^3. Tous craignent que l'obligation
d'utiliser le pot catalytique ne favorise l'en-
trée en Europe des automobiles japonaises,
qui en sont déjà équipées et, de ce fait, sont
conformes aux normes américaines antipollution. Élément supplémentaire de divergence,
les Anglais (Ford UK) et les Italiens (Fiat)
développent un moteur à combustion maigre
plus avantageux et plus économique pour les
cylindrées comprises entre 1 400 et 2 000 cm^3.

Finalement, après des débats difficiles, les
ministres de l'Environnement de la Communauté européenne, réunis les 20 et 21 mars
1985 à Bruxelles, ont pris une série de décisions importantes : les voitures de cylindrée
supérieure à 2 000 cm^3 devront être équipées
d'un pot catalytique dès 1988. Les cylindrées

comprises entre 1 400 et 2 000 cm³ utiliseront des moteurs à combustion maigre. Le plomb dans l'essence sera supprimé à partir du 1er octobre 1989 et les polluants réduits de 60 % par rapport à 1985. Des incitations fiscales seront accordées en Allemagne fédérale aux automobilistes qui se conformeront aux normes. Mais les décisions prises à Bruxelles, quoique encourageantes, sont peut-être trop tardives. La réduction de la pollution en 1990 sera probablement inefficace pour sauver des centaines de milliers d'hectares de forêts, compte tenu de la vitesse à laquelle elles meurent aujourd'hui.

La maladie des arbres en révèle une autre : celle des décideurs politiques. Pourquoi a-t-il fallu tant d'atermoiements pour parvenir à quelques décisions collectives, alors que les gouvernements connaissaient depuis quinze ans la gravité des dégâts ? Les hommes politiques préfèrent généralement fonder leurs décisions sur l'analyse d'un petit nombre de causes, agir « à chaud » pour le court terme, intervenir ponctuellement et massivement sur un facteur bien déterminé. Or, les catastrophes écologiques aux multiples répercussions économiques et humaines nécessitent une approche systémique prenant en compte, à plusieurs niveaux, l'interdépendance des facteurs. Il faut, dans ce cas, analyser plusieurs causes et effets simultanés, mettre en œuvre des actions combinées, une stratégie globale de prévention, penser au long terme, opérer « à froid », sans crise, en accord et en coordination avec d'autres. Formes d'actions inhabituelles, voire antinomiques de l'action politique traditionnelle.

La mort des arbres devrait être une leçon pour les politiques. Une occasion pour eux d'adopter de nouvelles méthodes d'analyse, de décision et d'action. Nous venons de découvrir brutalement que les arbres sont sensibles à la pollution atmosphérique. Après eux, les humains ne seront-ils pas aussi directement touchés ? Nos poumons, nos organes, notre peau, nos cellules sont-ils plus résistants que les feuilles des arbres ? L'exposition prolongée à de faibles doses de radiations, à l'amiante ou à des produits chimiques toxiques aurait-elle des effets synergiques ? Combien faudra-t-il de cancers pour que des mesures internationales soient prises afin de préserver la santé de l'espèce humaine ? Une des retombées positives des pluies acides sera peut-être d'avoir permis aux politiques de travailler avec des experts, de les entendre, et de dépasser les égoïsmes locaux pour adopter des mesures transnationales ayant des effets à long terme.

VERS UNE CONSCIENCE GLOBALE
La volonté de changer

POUR UNE ÉCOLOGIE DU TEMPS

Perdre sa vie à gagner du temps, ou perdre du temps à gagner sa vie... Sommes-nous condamnés à cette triste alternative ? Mais pourquoi « gagner du temps », et en vue de quelle échéance ? Un des grands mérites du livre de Jean-Louis Servan-Schreiber (*L'Art du temps*) est de poser de manière approfondie un certain nombre de questions simples sur notre vie quotidienne et son organisation.

A la différence des « *How to* » *Books*, qui connaissent un grand succès outre-Atlantique mais restent souvent superficiels, cet ouvrage est une véritable « trousse de survie » dans le monde moderne. Pour la première fois dans un livre sur un tel sujet, l'auteur apporte des réponses, fait des propositions, dont certaines ont une indéniable portée philosophique. Comment se fait la mesure du temps social ? Quel en est l'impact sur nos vies ? Comment et pourquoi naît l'encombrement du temps, la « pollution » qui l'empoisonne ? Comment apprivoiser, économiser le temps ? Et, tout d'abord, de quel temps s'agit-il ? L'auteur analyse les différentes formes de temps : le temps physique, celui de la nature ; le temps social, celui de la contrainte ; le temps psychologique, celui du « vécu ». Sa démarche rejoint celle que nous avions développée dans le *Macroscope* et apporte un éclairage complémentaire à celle de Jacques Attali dans *Histoire du temps.* Car il manque parfois dans les livres scientifiques, philosophiques ou économiques sur le temps des règles simples et pratiques d'organisation de la vie. Ce sont de telles règles, fondées sur l'expérience, qu'un homme d'action nous invite à partager avec lui.

La question a souvent été mal posée : l'enjeu fondamental se réduit-il à gagner du temps individuellement, ou à l'aménager socialement ? Le temps n'est pourtant pas un bien qui s'accumulerait comme de l'argent et que l'on pourrait ensuite dépenser ou distribuer avec plus ou moins de parcimonie. Il n'est pas seulement une denrée rare — comme l'énergie —, qu'il faudrait apprendre à économiser : le temps constitue la trame même de notre vie. Par-delà le temps gagné, perdu, partagé, lié, choisi, émietté, géré, il nous faut découvrir comment « habiter notre temps ». Ce temps habité se dilate, s'enrichit, s'appauvrit, comme les phases de notre vie, selon ce que nous en faisons. Voilà posé le problème de fond. Maîtriser son temps, c'est maîtriser sa vie. Mais « qu'est-ce donc que maîtriser son temps, sinon savoir s'y insérer, s'y mouvoir, s'appuyer sur lui, s'en protéger, s'en servir et s'y plaire ? ». En maîtrisant son temps, on peut trouver le moyen de « retomber amoureux de sa vie ». Belle et motivante expression pour tous les « autodidactes du temps » que nous sommes, ne disposant que d'une seule vie pour apprendre et expérimenter.

D'où la nécessité de faire sans tarder l'inventaire des activités « chronophages », des moyens de lutter contre l'entropie du temps. L'auteur nous propose un remarquable catalogue de tout ce qui grignote notre temps : interruptions diverses, réunions mal organisées, mauvaise utilisation du calendrier, manque de planning... Contre cette pollution de notre temps, il propose des remèdes simples : prendre des rendez-vous avec soi-même, savoir dire non, planifier sa journée, aménager des plages de durée variable selon les tâches... Une économie, mais aussi une écologie du temps. Pour comprendre le temps et s'en faire un ami, il faut, comme le dit très joliment l'auteur, « lui consacrer du temps ».

Car nous sommes à la fois confrontés à l'instant et à la durée.

Le temps peut être vécu comme une juxtaposition d'instants, d'événements — telle l'actualité traduite par les médias —, ou comme une continuité d'actions qui s'inscrivent dans la durée, construction lente et patiente d'une œuvre, d'une carrière. Il nous faut avoir à la fois l'intelligence de l'instant et l'intuition de la durée. Ce que nous construisons (sauvons ?) dans la durée a une forme, une image, une trajectoire, et cette forme est originale dès lors que nous savons ciseler notre temps. Le don de transmettre de telles règles relève-t-il de la pédagogie ou de l'art ? Apprenti du temps, comme il se qualifie lui-même, l'auteur serait-il un artiste, comme tous ceux qui n'ont droit qu'à un seul original, leur vie ? L'art ne s'apprend pas seulement dans les livres, mais à l'atelier, au studio, sur le terrain, par la pratique. Rien de ce qui touche à l'organisation du temps n'est enseigné dans les écoles. On y apprend certes à écrire, à calculer ; on y fait un peu d'éducation physique ou civique ; on y reçoit quelques règles d'hygiène, mais on n'apprend pas à gérer sa vie. D'où l'intérêt de ce livre, véritable traité de philosophie quotidienne à l'intention de tous : manageurs, ingénieurs, chercheurs, artistes, médecins...

Cependant, existe-t-il des règles valables pour tous ? L'auteur de cette méditation vécue — homme calme, méthodique, organisé (trop organisé ?) — avoue ne bien connaître qu'une seule vie : la sienne. N'y aurait-il pas autant de perceptions du temps qu'il y a de caractères ? S'il est vrai que nous habitons notre temps, n'existerait-il pas autant d'« intérieurs temporels » que de styles d'appartements ? L'encombrement du temps propre de chacun — comme celui du bureau de cet écrivain, de ce chercheur, ou de l'atelier de ce peintre — traduit peut-être des façons différentes d'habiter son temps, de se réfugier dans un temps incohérent, émietté en apparence, mais générateur de plaisirs (et donc de motivations), évacuateur d'angoisses. Façade pour l'extérieur, filtre protecteur, à l'abri duquel on tente, à sa manière, de survivre, de lutter, de se dépasser. Certes, ménager son temps c'est « manager » sa vie. Mais la diététique, cela s'est vu, engendre parfois l'ennui. Chacun a son jardin secret d'excès non ménagés. Pourrait-il en être de même d'une diététique du temps ? Encombrement et désorganisation ne seraient-ils pas, pour certains, les soupapes de sécurité d'un temps trop linéaire ?

Il est dommage qu'une place plus grande n'ait pas été réservée dans ce livre au temps collectif. Chacune de nos actions s'insère en effet dans un temps social qu'elle contribue à construire. Des règles valables pour l'individu peuvent influencer l'organisation de la société. Créer, c'est « sauver » du temps ; apprendre à créer collectivement, c'est apprendre à habiter ensemble un temps ré-aménagé. En apprenant à gérer notre temps individuel, ne laissons pas à d'autres (à des « chronocrates » ?) le soin d'aménager notre temps collectif. Le temps social a, lui aussi, sa vie propre. Il y a des accélérations dans la dynamique des systèmes sociaux, des ralentissements, que perçoivent certains historiens ou philosophes, des responsables politiques ou industriels possédant ce sens délicat du « timing sociétal ». Ils savent que le flux du temps n'est pas linéaire. A trop vouloir l'organiser, l'endiguer, on risque d'assécher une multitude de flux déviants, exubérants, générateurs de variété et porteurs de créations nouvelles.

L'« art du temps » peut-il s'appliquer à l'ensemble du corps social, à ceux qui organisent le temps des autres ? La société industrielle, causaliste et centralisatrice, préfère le flux laminaire des temps répétitifs aux mouvements tourbillonnaires et incontrôlables des temps créateurs et spontanés. Pour les pouvoirs centralisés, le contrôle et la synchronisation des temps de l'école, du travail, des vacances, de la retraite permettent le maintien de l'écoulement laminaire du temps global des hommes. Ainsi naît l'aliénation ultime : la transformation de notre capital temps — valeur d'usage — en un temps-tribut, valeur d'échange. Il n'y a plus de temps disponible pour jouir du temps qui reste. Ce que nous appelons notre « temps libre », c'est notre temps-accomplissement. Sa ré-appropriation ne dépend pas seulement de notre organisation personnelle, mais de rapports de forces entre groupes sociaux.

Ce temps-accomplissement est le capital créateur de notre vie. Nos investissements s'appellent l'expérience. C'est dans cette optique que de judicieux conseils de gestion du temps peuvent nous aider à mieux « placer » nos valeurs-temps et à faire fructifier notre capital. Mais un des moyens d'éviter la massification ou la taylorisation du temps est peut-être, aussi, d'aller à contre-courant, c'est-à-dire de « perdre du temps » — en apparence — pour mieux en sauver, pour mieux investir. L'organisation du temps, outil de libération pour certains, ne risque-t-elle pas de devenir oppression si elle est imposée à l'échelle collective ? Avoir une alimentation équilibrée est un plaisir pour les uns, une contrainte pour les autres. L'important est de trouver sa norme, son « autonorme ». Un pouvoir centralisé qui définirait une norme de santé valable pour tous ne pourrait être que

273

suspect. De même celui qui définirait une diététique du temps applicable à tous.

Car l'expérimentation du temps, c'est la
vie. C'est grâce à cette expérience unique que
nous pouvons nous créer nous-mêmes. Dans
cette création réside sans doute la clé de
l'équilibre et de l'harmonie personnelle. En ce
sens, *L'Art du temps* est une œuvre d'art. Ce
livre nous propose en effet de ré-interpréter
les règles, de mettre tout « à plat » pour mieux
reconstruire notre temps. Une œuvre d'art permet de voir la nature avec d'autres yeux, de
sortir de la routine et des apparences. Elle
nous ouvre au sens, comme la poésie. Mêmes
lettres, mêmes mots, mais une autre signification. Ainsi en est-il du temps : mêmes minutes — heures, jours, années —, mais un autre
sens à la vie, c'est-à-dire d'autres directions,
de nouveaux projets, de nouvelles conquêtes.

Ce livre intelligent ne nous enseigne pas
seulement l'art de gérer notre temps, il nous
incite également à en faire une œuvre d'art.

LIBERTÉ, ÉGALITÉ, SOBRIÉTÉ

L'alcool et le tabac : deux fléaux sociaux aux effets dévastateurs. Leurs ravages sont bien connus et les preuves scientifiques de leurs dangers s'accumulent. En URSS, Mikhaïl Gorbatchev a déclaré la guerre à l'alcoolisme, tandis qu'aux États-Unis Reagan ratifiait au début de l'année 1985 le Smoking Prevention and Health Education Act, les textes de la campagne américaine antitabac. Depuis l'an dernier, la Californie est pratiquement devenue un « État non fumeur ». Les Américains se mettent à l'eau gazeuse, tandis que, selon les statistiques publiées par l'Insee, la consommation d'alcool a baissé en France depuis la fin des années 60. Que signifient de tels changements dans les habitudes des consommateurs ? Les mesures restrictives commenceraient-elles à porter leurs fruits ? S'agit-il seulement de mouvements de mode de courte durée ? Le public est-il mieux informé, les individus connaissent-ils mieux leur corps ? Et alors, s'agirait-il de courants de fond ? Il est difficile de séparer des effets et des causes enchevêtrés, mais des politiques gouvernementales et des tendances populaires telles méritent qu'on s'y arrête.

L'initiative de Gorbatchev arrive à temps : l'URSS compte entre 17 et 40 millions d'alcooliques. La consommation annuelle de vodka est passée en trente ans de 5 à 30 litres par personne. L'alcool est responsable d'un million de morts par an, d'un enfant taré sur six naissances. L'accroissement de la consommation d'alcool et de cigarettes est sans doute une des causes de la diminution spectaculaire de l'espérance de vie masculine dans ce pays : de 67 ans à 62 en vingt années, selon les statistiques soviétiques. Le décret qui est entré en vigueur le 1er juin 1985 prévoit des peines très lourdes. Les autorités en attendent un accroissement de la productivité et une diminution du coût social de l'alcoolisme.

La France, où l'on compte 4,5 millions d'alcooliques et un débit de boissons pour 231 habitants, reste le champion du monde de la consommation, avec 15,5 litres d'alcool pur par habitant. Quant au tabac, 40 % des Français âgés de plus de 15 ans fument en moyenne 2 000 cigarettes par an et par habitant. Pourtant, la consommation d'alcool accuse une lente mais constante régression depuis une vingtaine d'années : moins 13 000 hectolitres d'alcool pur par an en moyenne. Effet des campagnes anti-alcool, éducation des jeunes, information moins pénalisante ?

Mais les changements les plus spectaculaires nous viennent probablement des États-Unis. On assiste là à une réelle prise de conscience collective des dangers du tabac. Les travaux scientifiques les plus récents ont formellement démontré que la nicotine était une drogue à fort potentiel d'accoutumance : six à huit fois supérieur à celui de l'alcool. C'est la drogue la plus lourdement responsable des mortalités au monde : 350 000 morts par an aux États-Unis. Plus que l'alcoolisme et toutes les toxicomanies réunies ; plus que le total des Américains morts au cours des deux guerres mondiales et au Viêt-nam ; sept fois plus que les décès dus à l'automobile. Mais pour la première fois, grâce à la Clean Indoor Air Initiative de 1978 en Californie et au référendum qui l'a suivie, les droits du non-fumeur sont reconnus : trente-cinq États ont promulgué des lois limitant la consommation de cigarettes dans les lieux publics, et neuf l'interdisent. Après avoir atteint un pic de 640 milliards de cigarettes par an en 1981, la consommation baisse. Elle est maintenant inférieure à 600 milliards, soit 3 500 cigarettes par habitant. Signe des temps, un procès

sans précédent a été intenté en 1985 par l'avocat Melvin M. Belli à la société R.J. Reynolds
Tobacco Co., au nom de la famille d'un diri-
geant californien mort d'un cancer des bron-
ches à 69 ans après avoir fumé trois paquets
par jour pendant cinquante ans. La famille a
demandé 100 millions de dollars, la loi californienne autorisant à poursuivre une entreprise qui vend des produits dont elle connaît
les dangers. Les répercussions de ce procès
pourraient être considérables sur toute l'industrie du tabac.

Mais la dernière folie des Américains, c'est
l'eau minérale gazeuse en bouteille. La
consommation est passée de 50 millions de
litres en 1976 à 280 millions en 1984. L'eau
Perrier représente près de 45 millions de litres
et la San Pellegrino d'Italie, 2,2 millions. Les
consommateurs demandent de plus en plus
de bières non alcoolisées, de cidres non fer-
mentés, de jus de fruits. Les producteurs riva-
lisent d'ingéniosité pour satisfaire cette nouvelle mode, face à l'inquiétude de l'industrie
de l'alcool (chiffre d'affaires : 66,4 milliards
de dollars). Chez les « Yupies » (Yo ng Urban
Professionals), le *Martini on the rocks* est définitivement considéré comme le symbole
d'une génération dépassée.

Bien sûr, il faut tenir compte des engouements parfois excessifs des Américains pour
certaines modes. Mais on le disait aussi de

la nouvelle nutrition, des supermarchés « Health Food », du jogging, de l'aérobic ou du *body-building*, dont l'influence a été significative. Nombre de ces modes traduisent en fait des courants de fond : le « management » du corps, un certain hédonisme. Leurs répercussions sur les industries classiques, dépendant de modes de vie plus traditionnels, peuvent être profondes. N'oublions pas qu'en France 2 millions de personnes vivent de l'industrie de l'alcool et 100 000 du tabac, lequel rapporte près de 15 milliards de francs à l'État. Cette vague de fond peut déferler aussi sur l'industrie alimentaire, modifier habitudes et lieux de rencontre. Il est difficile de mesurer les effets combinés des réglementations, des modes, des campagnes d'information ou des prises de conscience collectives sur la nouvelle sobriété. Un fait apparaît certain : à côté de l'économie, priorité traditionnelle des gouvernements, il faudra désormais compter avec la « bionomie », ensemble des règles de gestion de sa vie. Choix politique, choix personnel : un équilibre devra être trouvé entre contrainte, incitation et information. Les campagnes anti-alcool en URSS ou antitabac aux États-Unis sont un signe de l'intérêt porté à ces problèmes par les politiques et de l'importance des retombées économiques attendues. Mais on se doit de préserver aussi une certaine forme de liberté individuelle. Plutôt que les seules normes imposées par l'État, chacun doit pouvoir disposer des informations de base afin de choisir son « autonorme », gage de liberté et d'autonomie.

« SCHIZOFRANC »

Parlons « franc ». Soit. Mais millions de francs ou milliards de centimes ? La France est atteinte d'une étrange maladie du dédoublement de la personnalité. Une sorte de schizophrénie monétaire. Notre nouvelle unité de compte serait-elle le « schizofranc » ? Incapables de nous habituer aux « nouveaux francs », nous avons préféré conserver une double échelle de référence. Cause de moqueries de la part des étrangers et source de confusions, cette maladie bien française a des complications sociologiques beaucoup plus profondes qu'on ne pourrait le penser au premier abord.

Cela fait maintenant vingt-sept ans que nous vivons avec le schizofranc. Le choix des conseillers économiques du président Pinay en janvier 1959 fut peut-être malheureux : si l'on avait choisi un multiple de 1 000 au lieu de 100 pour créer le franc lourd, nous n'en serions peut-être pas là... Une telle transition eût été, en effet, plus instinctive. Il est fascinant d'entendre des jeunes de moins de 20 ans, qui n'ont rien connu d'autre que les nouveaux francs, déraper, puis décrocher au passage des unités fatidiques : 1 franc, 10 francs, 100 francs... un « sac » (1 000 « balles »), une « brique » (un million), 10 briques... Un carnet de métro ou une place de cinéma se situent aux alentours de 25 francs, mais on gagne 8 sacs par mois, une voiture moyenne vaut 5 millions et un appartement 30 millions. Toute la France profonde compte en anciens francs. C'est un signe d'intellectualisme prononcé propre à quelques spécimens échappés des grandes villes que de faire répéter un prix en nouveaux francs. Pire, de protester, quand on vous rend la monnaie de 100 francs pour un achat de 40 francs, en s'entendant décompter : « Mille, et cinq mille qui font cent. »

Il est vrai que nos hommes politiques ne font pas de grands efforts pour redresser la situation. Tantôt on les entend parler, au retour de quelque voyage dans les pays du Golfe, de contrats de 20 milliards de francs (nouveaux ? anciens ?) ; tantôt, quand il s'agit du coût supplémentaire d'un grand projet du gouvernement, de « seulement » 200 millions (nouveaux ? anciens ?). Le Premier ministre, dans « Parlons France », donne-t-il l'exemple en mêlant les « 2 milliards de centimes » du seuil des grandes fortunes subissant un relèvement d'impôt, les 500 millions de francs des exportations de produits cosmétiques et les 180 milliards de la facture énergétique de la France ? Les médias ne contribuent pas non plus à dissiper la confusion : tel concours est doté d'un prix de 10 millions « de centimes ». Tel cachet d'une grande vedette de cinéma est évalué en milliards.

Pourquoi une telle résistance au changement ? A qui profite-t-elle ? Certes il est difficile de se séparer d'habitudes aussi enracinées. Le yard, le mile, le baril, le degré Farenheit ou la calorie ont du mal à se plier à la standardisation. Mais au-delà des multiples tracasseries de la vie quotidienne, notre schizophrénie monétaire a des répercussions plus graves : elle peut conduire à une véritable démission devant la nécessité d'évaluer, de comparer et donc de juger les chiffres clés de l'économie. Passé certains seuils, « on ne veut plus le savoir ». Les milliards de centimes ont le même effet que les « années-lumière » : angoisse ou soumission. Incapables de comparer des ordres de grandeur, n'ayant plus de repères auxquels se raccrocher, on tend à ignorer ce qui devrait au contraire nous concerner au premier chef. Le schizofranc porte une lourde part de responsabilité dans le désintérêt des Français pour ce qui touche à leur économie. Dans la plupart des grands pays, nombreux sont ceux qui connaissent les principaux ordres de grandeur : hauts salaires, chiffres d'affaires de grandes entreprises, exportations. Mais combien, dans le nôtre, sont capables d'évaluer — en nouveaux francs — les prix, coûts, budgets, seuils, valeurs diverses ou PIB donnés ci-après ? (Pour faciliter les réponses, les questions sont classées dans un ordre croissant de valeur en franc. Les réponses se trouvent à la fin de cette chronique.)

Microscope électronique ? Très haut salaire annuel français ? Seuil des « grandes fortunes » ? Scanner pour le dépistage du cancer ? Motrice du TGV ? Forage pétrolier moyen ? 10 km d'autoroute en rase campagne ? Budget de l'Institut Pasteur (1985) ? Airbus ? Pertes dues à l'affaire des avions renifleurs ? Usine moyenne clé en main ? Musée de La Villette ? Déficit d'EDF (1983) ? Centrale nucléaire de 1 000 mégawatts ? Déficit de la SNCF (1983) ? 500 kg d'héroïne pure ? Rapport du 1 % Delors (1983) ? « Grands projets » parisiens ? Chiffre d'affaires de Rhône-Poulenc ? Facture pétrolière de la France 1984 ? Déficit budgétaire de la France 1984 ? Total des prélèvements IRPP 1983 ? Dette de la France ? PIB de la France ? Ventes d'armes dans le monde ? PIB des États-Unis ?

Réfléchir sur de tels ordres de grandeur ne constitue pas un exercice futile mais pose des questions de fond. La schizophrénie monétaire nous conduit à vivre dans deux mondes cloisonnés : celui des objets ou placements familiers que nous contrôlons partiellement et celui, abstrait, irréel, des technocrates, hommes politiques ou PDG qui manient les grandes masses financières. C'est de ce monde-là dont dépend en grande partie notre avenir. Et pourtant nous nous en désintéressons, laissant à d'autres le soin de décider pour nous. Il n'y a pas de vrai débat, sauf entre spécialistes. Quels programmes faut-il soutenir lorsque les choix politiques — comme c'est la règle — sont limités : 50 km de rocade périphérique, une nouvelle numérotation téléphonique, le lancement d'un satellite de diffusion directe, le câblage de la France en fibres optiques ? Ou 500 000 micro-ordinateurs dans les écoles, 10 000 logements sociaux, 500 crèches, 10 hôpitaux... ?

Jusqu'à quand souffrirons-nous de cette maladie ? Comment rester crédibles à l'étranger, cohérents vis-à-vis de nous-mêmes, persévérants dans nos choix si nous conservons ce double langage, cette double échelle de valeurs, cette double jauge ? Il n'y a qu'un seul mètre-étalon au Pavillon de Sèvres. Pour passer de l'ancienne France à la nouvelle, exorcisons les anciens francs et reconstruisons ensemble un espace économique harmonieusement balisé, que nous pourrons enfin nous ré-approprier.

Réponses

(MF = millions de francs. GF = milliards de francs)

Microscope : 1 MF. Haut salaire (annuel) : 2 MF. Grande fortune : 3 MF. Scanner : 6 MF. TGV : 14 MF. Forage : 50 MF. Autoroute (10 km) : 180 MF. Institut Pasteur : 400 MF. Airbus : 400 MF. Avions renifleurs : 500 MF. Usine : 2 GF. Musée de La Villette : 4,5 GF. EDF : 5,7 GF. Centrale nucléaire : 7 GF. SNCF : 8 GF. Héroïne : 8 GF. 1 % Delors : 11 GF. Grands projets parisiens : 15 GF. Rhône-Poulenc : 43 GF. Facture pétrolière : 137 GF. Déficit budgétaire : 140 GF. IRPP : 182 GF. Dette : 500 GF. PIB France : 4 600 GF. Armes (ventes dans le monde) : 6 500 GF. PIB États-Unis : 30 000 GF.

SCIENCES À LA UNE

Katalavox et ciclosporine : rien à voir en apparence entre ces deux affaires aux noms compliqués qui ont fait, comme on dit, l'actualité. Katalavox : une jeune fille invente « un ordinateur qui répond à la voix », cherche des crédits, n'en trouve pas et part pour l'Amérique après une conférence de presse au cours de laquelle elle déclare que la France ne comprendra jamais rien au génie. Ciclosporine : un groupe de médecins, après avoir traité deux malades pendant quelques jours avec un médicament contre le rejet des greffes, tiennent une conférence de presse avec l'appui du ministère des Affaires sociales pour annoncer au monde la grande découverte portant le « label France » : « Le Sida est vaincu. »

D'un côté, prétexte de l'incompréhension entre inventeur et financiers. De l'autre, prétexte du risque de « vol » d'une idée bien française par la concurrence internationale. Comment se fait-il que tant de précipitation, de mise en scène médiatique, voire d'incompréhension, puisse désormais présider à la divulgation de travaux scientifics ou techniques dès lors que le sujet est jugé suffisamment « chaud » ? Jusqu'à présent, les professionnels ont adopté des procédures et codes de communication qui garantissent, le mieux possible, la qualité et le sérieux des résultats : rigueur des expériences, rituel de la publication, prudence des scientifiques et en particulier des médecins, méfiance envers une trop grande personnalisation des travaux. Il semble cependant que, dans l'affaire du Katalavox et dans celle de la ciclosporine, les ingrédients de l'explosion médiatique étant réunis, on ait franchi les bornes qui préservaient jusqu'à maintenant certaines règles du jeu de la communauté scientifique et technique internationale.

Dans le cas du Katalavox, le thème des travaux est inquiétant et porteur : des robots commandés par la voix de leur maître. L'inventeur est une jeune fille autodidacte, « surdouée », parlant six langues, musicienne et bricoleuse. Voilà pour la personnalisation. Sur le plan technique, le développement réalisé par Martine Kempf est sans conteste ingénieux. Il repose sur trois éléments : accroissement de la vitesse de reconnaissance de la

parole à partir d'une disposition particulière
de puces existant dans le commerce ; relais
électroniques permettant de contrôler directement des moteurs électriques ; passage
immédiat aux applications industrielles.
Pourtant le Katalavox lui-même n'est pas une
grande première. Des dizaines de « cartes
informatiques » de reconnaissance ou synthèse vocale, françaises, américaines, japonaises, plus performantes et moins coûteuses
que le Katalavox, existent depuis des mois.
En France, le Cnet, le Limsi, la société Vecsys
sont des pionniers dans ces domaines. Mais
les professionnels ne sont pas en mesure de
juger de la qualité des travaux de Martine
Kempf : si son press-book est volumineux, le
dossier de ses publications techniques est
inexistant. L'amplification médiatique s'est
engouffrée dans cette brèche : génie
méconnu, incompétence des financiers et des
politiques, fuite des cerveaux, tout y était. On
sait maintenant que les propositions de financement classique ou par venture capital n'ont
pas fait défaut. Elles ont été refusées par Martine Kempf. Pourquoi ? Dérobade face à la
compétition traduisant une volonté de non-
confrontation avec le monde des affaires, ses
plans de financement et de développement,
ses bilans ? Peur d'être jugée, critiquée ? Les
réponses résident sans doute dans les relations ambiguës entre l'inventeur et sa famille.

Dans le cas de la ciclosporine[1], d'autres ingrédients médiatiques de nature différente étaient également réunis : psychose du Sida et de la concurrence internationale ; nécessité politique de maintenir coûte que coûte l'« avance française », d'où l'annonce prématurée qui a choqué les scientifiques du monde entier. La « découverte », là aussi, n'était pas nouvelle. L'idée d'utiliser la ciclosporine revient en effet, depuis plus de deux ans, à des équipes de recherche proches de l'Institut Pasteur. Quant à la méthode de divulgation des résultats préliminaires, elle est éminemment critiquable. Il existe des moyens efficaces pour informer immédiatement la communauté médicale internationale d'une grande découverte ayant un impact clinique. Moyens aussi rapides qu'une conférence de presse. La crainte d'être « doublés » par des équipes étrangères ne justifie pas cette dangereuse entorse aux règles internationales.

L'affaire Kempf et celle de la ciclosporine ont un point commun : la prise à témoin du grand public, par médias interposés, sur des sujets complexes nécessitant une connaissance de détails scientifiques et techniques. Faute de pouvoir juger sur le fond, chacun se fie à son bon sens, à son intuition, avec comme pièces versées au dossier les seuls

1. On utilise le terme de ciclosporine ou cyclosporine A (nom scientifique).

éléments spectaculaires retenus par les médias. L'actualité a en effet besoin de vedettes, de controverses, d'inventeurs persécutés menant une lutte solitaire contre les « officiels ». Le monde scientifique, quant à lui, demande simplement un peu plus de sérénité pour pouvoir travailler. Trop pressés, les journalistes ? Trop prudents, les scientifiques ? Les rôles seraient-ils en train de s'inverser ? Les problèmes de communication scientifique et technique dans les grands médias sont complexes et délicats.

Il est difficile de mesurer objectivement les avantages ou désavantages de la « publicité » en ces domaines. Mais l'on peut, sans grands risques, faire un pari : le Katalavox et le traitement du Sida par la ciclosporine connaîtront bientôt un large succès international. Effet de la publicité ? Non, simplement justesse des idées de départ. Le Katalavox, car il symbolise, illustre et rend populaire une des approches parmi les plus fécondes de l'informatique moderne, annonçant des familles de produits qui vont bouleverser nos vies ; Martine Kempf en est le « révélateur ». Le traitement par la ciclosporine, car le « gel » du système immunitaire par cet immunosupresseur empêche le virus de se développer et devrait permettre à des traitements antiviraux d'agir avec plus d'efficacité, ce que confirmeront bientôt des travaux internationaux. Ces résultats connus et largement diffusés, le public aura beau jeu de rappeler qu'il avait raison de crier au scandale devant le départ de Martine Kempf et de dénoncer la « jalousie » des collègues scientifiques qui ont cherché à minimiser les résultats de l'équipe de Laennec. Pourtant, des centaines de scientifiques et d'ingénieurs travaillent dans l'ombre sur ces sujets. Les ordinateurs à commande vocale et la neutralisation du Sida seront aussi leur victoire. Le public ne retiendra probablement que les noms de Martine Kempf, Jean-Marie Andrieu, Philippe Even et Alain Venet. L'éclairage médiatique est aveuglant. Comme le soleil fixé trop longtemps et qui crée une tache aveugle au centre de notre champ de vision.

LE SIGNAL ET LE BRUIT

« L'actualité » reflétée par nos journaux est-elle en train de devenir terne, routinière, monotone, comme son lot quotidien de faits divers, de violence ou de politique politicienne ? La lassitude qu'elle engendre peut-elle expliquer le recul de certains grands quotidiens et le succès de périodiques spécialisés ? Par contraste, certaines informations se détachent du « bruit de fond ». Étonnantes, éphémères, superficielles, elles « font » souvent l'actualité. Cette différence résulterait-elle de la nature du marché de l'information ?

Nous vivons actuellement une mutation dont les répercussions seront profondes sur nos modes de consommation de l'information : le passage d'une société d'information à une société de communication. La première débute avec l'imprimerie et se poursuit avec l'édition, les journaux et magazines, la radio,

293

le cinéma et la télévision. Sa structure est pyramidale : l'information part du sommet pour atteindre la base, les acheteurs, qui la reçoivent de manière passive. Dans la société de communication, l'accent est mis sur les réseaux interpersonnels et l'accès sélectif aux informations. Chacun peut en être à la fois le producteur et le consommateur, grâce notamment aux nouvelles technologies.

Dans la société d'information, la monotonie peut résulter de plusieurs facteurs combinés. L'information est calibrée pour la plus grande masse possible d'acheteurs, ce qui nivelle évidemment les styles et les contenus. Le caractère répétitif de l'information tient aussi aux formats déterminés des rubriques des journaux imprimés ou à la durée limitée de celles des journaux télévisés : nombre donné de lignes pour les informations étrangères, intérieures, les faits divers, les sports, la météo... A la télévision, 1 minute 30 pour une question d'actualité, 2 minutes 30 pour un sujet, 3 minutes 30 pour un dossier.

Qu'est-ce qui émerge du bruit de fond ? Dans le langage des ingénieurs des communications, l'information est un « signal » sur un bruit. Afin d'améliorer le rapport signal/bruit, on peut soit réduire le bruit de fond, ce qui est difficile, soit renforcer le signal. D'où l'importance, dans les médias, des titres, des « scoops », des « petites phrases », des controverses, des polémiques qui relancent l'information, assurent un suivi et fidélisent le lecteur.

La variété sur fond de routine est une des clés de l'actualité. Elle se nourrit à plusieurs sources et s'inspire de différents modèles. Pourquoi les enfants aiment-ils tant les « clips » publicitaires ? Parce que le message est court, clair, vivant, varié, original, souvent drôle, facile à retenir. Tous les attributs d'une bonne information. La répétition d'un même thème ajoute à l'intérêt car on s'attend à certains effets. La petite phrase, sorte de slogan politico-publicitaire « lâché » — mais parfois soigneusement préparé — par une personnalité politique, s'inscrit dans cette logique. « La chienlit », « le turlupin », « le petit télégraphiste », « le charlot », « les Tuc, c'est du toc », « ils partent, nous partons » sont traités par les journalistes comme une information majeure : elle est en effet inattendue, incongrue, impertinente. Elle se distingue du bruit de fond et possède donc, à ce titre, toutes les qualités d'une « information » au sens que lui donnent les ingénieurs de la communication.

Dans son livre *L'Esprit du temps*, Edgar Morin montre comment certaines personnalités évoluant sous l'œil des médias, et qu'il appelle les « Olympiens », aident aussi à fabriquer l'actualité : vedettes du show-busi-

ness, personnalités politiques ou industrielles, familles royales... L'information, pour les
médias, naît du moment où un Olympien est
pris en état de fait divers : un président des
États-Unis en train de s'évanouir au cours de
son jogging ou de trébucher sur l'escalier d'un
avion. Un prince chutant à ski. Une princesse
impliquée dans un accident d'automobile. Il
suffit d'être à l'affût, comme les « paparazzi ».
L'actualité peut être nourrie indéfiniment par
ce type d'information. Un autre moyen de
créer artificiellement de la variété est représenté par le hit-parade. Hit-parade des hommes politiques, des films, des livres, des villes, des acteurs... Formule également
inépuisable : faire du neuf avec du répétitif.

Mais il y a aussi, malheureusement, le
sinistre attrait de la « mort en direct ». Certaines photos ou séquences filmées sont assu-
rées de « faire la une » avec la légende : « Cet
homme va mourir ». Otage exécuté devant les
caméras ; aviateur dont le parachute ne s'ouvre pas ; personne sautant du vingtième
étage d'un hôtel en feu. La répétitivité de la
mort des autres est le moyen d'évacuer l'angoisse de la nôtre. Moment unique et singu-
lier, pourtant mille fois éprouvé par personnes interposées. Comme le dit Michel Serres,
il n'y a dans la vie que deux instants qui
comptent : maintenant et l'instant de notre
mort. Maintenant, c'est ce que l'on peut « tenir

dans sa main ». L'instant de sa mort, celui où le temps s'arrête. Le reste coule comme l'eau. Pour décrire un moment particulier, il faut le choisir par rapport à un système de valeurs, différent selon chacun. Pour les médias modernes, le « maintenant » c'est l'actualité la plus brûlante. L'autre temps, celui de la mort, c'est la répétition de celle des autres.

Sommes-nous toujours dupes de ces artifices ? Peut-on réduire la distorsion entre information bruit de fond et information artificielle ? Dans le contexte actuel de la société d'information, modifier un tel état de fait paraît utopique, voire naïf. Mais d'autres systèmes se mettent en place : les structures pyramidales de la société d'information sont doublées par les structures en réseaux de la société de communication. L'information n'est plus seulement « descendante », elle remonte à plusieurs niveaux, elle s'échange « horizontalement » entre créateurs et consommateurs d'information. Aidés en cela par les nouveaux moyens de communication individuels, Minitel, micro-ordinateurs et réseaux télématiques grand public ; et, bientôt, réseaux câblés en fibres optiques ; visiophones, vidéodisques, radiotéléphones cellulaires... Au lieu de l'homogène adapté au plus grand nombre, c'est à une explosion de la variété que nous allons progressivement assister. La multiplication des chaînes ou des moyens privés de stockage de l'image relève encore, quant à elle, de la logique de la société pyramidale. Mais pour tous ceux qui pratiquent déjà la télématique grand public — avec ses téléforums, ses causeries en direct, ses messageries électroniques, ses bulletins ou petites annonces personnalisées, ses enseignements télématiques, ses accès sélectifs aux banques de données —, de nouveaux espaces sont à conquérir, où idées et talents compteront bientôt plus que pouvoir ou statut social. Les créations des uns pourront être portées à la connaissance des autres. L'information mutuelle sur les sujets les plus divers, les échanges de services trouveront dans ces réseaux des bases nouvelles de développement.

Nous pouvons participer à une renaissance de l'information en favorisant l'expansion de ces nouveaux médias interpersonnels. À côté de la grande information de masse, avec sa divergence toujours accentuée entre monotonie et scoop, il y a place pour la société relationnelle. Les nouveaux médias interactifs ne sont pas un luxe inutile. On le disait de l'imprimerie, du téléphone, du cinéma parlant, de la télévision. On le dit aujourd'hui du Minitel et du visiophone. Mais ces outils dépassent de loin les buts de ceux qui les ont créés : ce sont les synapses de la société réticulaire. À nous d'apprendre à enrichir les circuits de notre cerveau planétaire tout neuf.

Trente-six des chroniques ici présentées ont été écrites pour le magazine *L'Expansion*.

Le chapitre « Du micro-ordinateur au cerveau planétaire » constitue la réadaptation du texte d'une conférence prononcée à l'Université du Québec à Montréal, le 4 octobre 1984.

Le chapitre « Mes réseaux et moi » a été publié dans *Le Figaro* du 25 septembre 1984.

IMPRIMERIE BUSSIÈRE À SAINT-AMAND
DÉPÔT LÉGAL FÉVRIER 1988. N° 9828 (3164)

Collection Points

Collection Points

SÉRIE ROMAN

Collection Points

SÉRIE POINT-VIRGULE